民办高校人力资源管理发展研究与实践

陈妙娜　吴婷　陈景阳◎著

MINBAN GAOXIAO RENLIZIYUAN GUANLI FAZHAN YANJIU YU SHIJIAN

企业管理出版社
ENTERPRISE MANAGEMENT PUBLISHING HOUSE

图书在版编目（CIP）数据

民办高校人力资源管理发展研究与实践 / 陈妙娜，吴婷，陈景阳著. —北京：企业管理出版社，2020.5

ISBN 978-7-5164-2131-4

Ⅰ.①民… Ⅱ.①陈… ②吴… ③陈… Ⅲ.①民办高校—人力资源管理—研究—中国 Ⅳ.①G647.23

中国版本图书馆CIP数据核字（2020）第059578号

书　　名：民办高校人力资源管理发展研究与实践
作　　者：陈妙娜　吴　婷　陈景阳
责任编辑：张　羿
书　　号：ISBN 978-7-5164-2131-4
出版发行：企业管理出版社
地　　址：北京市海淀区紫竹院南路17号　邮编：100048
网　　址：http://www.emph.cn
电　　话：总编室（010）68701719　发行部（010）68701816　编辑部（010）68701891
电子信箱：80147@sina.com
印　　刷：北京虎彩文化传播有限公司
经　　销：新华书店
规　　格：170毫米×240毫米　16开本　12印张　128千字
版　　次：2020年5月第1版　2020年5月第1次印刷
定　　价：58.00元

前言

PREFACE

民办高校是我国高等教育事业的组成部分，国家一直在积极鼓励、正确引导社会力量兴办民办高校，维护民办高校的合法权益，完善对民办高校的管理。民办高校应坚持党的基本路线，全面贯彻教育方针，保证教育质量，培养合格的人才。为达到这一目标，民办高校尤其要重视各方面的管理工作，而人力资源管理工作是其管理过程中的重中一环。

本书基于民办高校人力资源管理研究与实践，首先对民办高校人力资源管理进行了概述，包括人力资源及其相关概念、人力资源战略概述、人员使用原则以及对民办高校教师现状的分析。其次对民办高校管理改革战略框架以及民办高校人力资源管理进行规划，针对民办高校人才资源管理的不足和须改进之处，提出了加强培训工作的思路，探索出了培训管理流程等。接下来对民办高校人力资源管理的实践进行阐述，并且对民办高校的绩效与薪酬管理进行探索，提出建议。最后，就民办高校的发展与人力资源状况、倡导的工作理念、师资队伍建设等方面，对民办高校人力资源管理工作进行了再思考。

本书是陈妙娜（广东海洋大学寸金学院）所主持的广东省教育科研项目——新时代背景下民办本科高校师资队伍建设的挑战与对策（2018GXJK278）项目研究成果。成果内容包括：民办高校人力资源管理概述、民办高校管理改革战略框架、民办高校人力资源规划、民办高校人力资源管理实践、民办高校绩效与薪酬管理、民办高校人力资源管理工作再思考等，充分反映了民办高校在人力资源管理中的实际情况，该研究成果对于相关的工作具有一定的指导、借鉴意义。

本书的编撰工作由陈妙娜主持，吴婷、陈景阳为主要撰写人，曹莹莹、齐咏诗、史阳阳、吴姝婷、张的怡、曾梓恒等负责参考材料的收集、分析、部分撰写及排版工作。在团队的共同努力以及相关各方的帮助下，使得本书顺利出版，谨此致谢！

目录

CONTENTS

第一章

民办高校人力资源管理概述

民办高校指的是企业事业组织、社会团体及其他社会组织和公民个人利用非国家财政性教育经费，面向社会举办的高等学校及其他教育机构，其办学层次分为专科和本科两种。

国家鼓励社会力量举办实施义务教育的教育机构，以作为国家实施义务教育的补充。同时，国家对社会力量举办高等教育机构也有着严格的要求和控制。国家对社会力量办学实行办学许可证制度，各级教育行政部门都必须按照规定的审批权限，对批准设立的教育机构发给办学许可证。

民办高校要适应经济建设和社会发展的需求，与现有各类高等教育统筹规划，以有利于高等教育布局、层次、科类结构的改善。民办高校应遵守国家的法律、法规，接受政府的管理、监督、检查、评估和审计。

民办高校及其教师和学生享有与国家举办的高等学校及其教师和学生平等的法律地位。民办高校招收接受学历教育的学生，也被纳入高等教育招生计划之中。学生毕业后自主择业，国家承认学历。同时，民办高校应对毕业的学生提供就业指导。

民办高校不得以营利为办学宗旨。其财产归学校所有，任何单位和个人不得侵占；其收入应主要用于改善办学条件和学校的进一步发展。民办高校的校办产业享受和普通高等学校校办产业同样的政策。

一、人力资源管理概述

1. 人力资源及其相关概念

（1）人口资源。

人口资源是指一个国家或地区具有的人口数量。它主要表明数量概念，是一个最基本的底数，劳动力资源、人力资源、人才资源等皆来源于这个最基本的资源中。

（2）劳动力资源。

劳动力资源是一个国家或地区具有的劳动力人口的总称，是人口资源中拥有劳动能力的那一部分人，通常是 18 岁左右至 60 岁左右的人口群体。这一人口群体必须具备从事体力劳动或脑力劳动的能力。它偏重的也是数量概念。

（3）人力资源。

人力资源（Human Resources，简称 HR），是指一个国家或地区中，处于劳动年龄、未到劳动年龄和超过劳动年龄但具有劳动能力的人口之和。人力资源是一定时期内组织中的人所拥有的能够被企业所用，且对价值创造起贡献作用的教育、能力、技能、经验、体力等的总称，同时，人力资源亦是能够推动社会和经济发展、能为社会创造物质财富和精神财富的体力劳动者和脑力劳动者的总称。

人力资源是活的资源，上面所定义的人力资源排除了不能推动社会发展、不能为社会创造财富的那一部分人。人力资源既不能等同于人口资源和劳动力资源，也不能等同于人才资源和天才资源。人力资源包含了数量和质量两个概念，它不仅要求具有劳动能力，同时还要求具有健康的、创造性的劳动，能推动社会的发展和人类的进步。而人才资源是一个国家或地区具有较强战略能力、管理能力、研究能力、创造能力或专门技术能力的人口总称，主要突出质量概念，指的是人力资源中较杰出、较优秀的那一部分人，表明的是一个国家或地区所拥有的人才质量；天才资源则通常是指在某一领域具有特殊才华的人，他们在自己的这一领域具有十分独特的创造发明能力，能在这一领域起领先作用，并具有攀登顶峰的能力。

2. 人力资源管理与开发

人力资源管理（Human Resource Management，简称 HRM），亦称人事管理，是指在经济学与人本思想指导下，通过招聘、甄选、培训、报酬等管理形式对组织内外的相关人力资源进行有效运用，满足组织当前及未来发展的需要，保证组织目标实现与成员最大化发展的一系列活动的总称。它是预测组织人力资源需求并作出人力需求计划、招聘选择人员并进行有效组织、考核绩效支付报酬并进行有效激励、结合组织与个人需要进行有效开发以便实现最优组织绩效的全过程。

人力资源管理主要包含六大模块：人力资源规划、招聘、培训、绩效、薪酬和劳动关系，多用于公司的人事部门，是为实现一定的目标，对所属工作人员进行选拔、使用、培养、考核、奖惩等一系列的管理活动。公司的人员招聘、培训，职员的考核、薪酬发放、调动都和人力资源管理有关。

人力资源管理是对全社会（或一个部门）的各阶层、各类型的从业人员的招募、录取、培训、使用、周转、升迁、调动直至退休的全过程的管理，研究他们在工作的全过程中，如何合理调配、开发其智力，充分发挥其作用，并推动社会的迅速发展。

人力资源开发是一个较大较广的概念，一个人的一生都与“开发”紧密相连。人力资源开发主要是指国家（或地区）、组织、家庭、个人通过正规国民教育、在职学历教育、职业技能培训以及各种各样的培训、启智等服务，从而达到培养各类人才、开发人的潜能、提升人的质量的目的，为国家和社会提供源源不断的各类合格人才。

人力资源开发要求全社会的参与。人的一生有四种教育，即家庭教育、学校教育、社会教育和自我教育。家庭教育对人的影响最大的是从出生到 10 岁左右，学校教育对人的影响最大的是从 10 岁到 22 岁左右，社会教育和自我教育则贯穿了人的一生。人力资源开发需要人力资源投资，人力资源的投资生产人力资本，这些人力资本投入运行就会创造社会的物质财富和精神财富。

人力资源管理主要表现在进入职业阶段，而人力资源开发则表现在人生的全过程，包括社会对一个人从幼儿开始的教育到成年后的获取、保留、发展、维护，直到老年退休后的开发余热等，其重点在于组织一切力量，有效地对全社会成员开发智力，有对适龄儿童的正规教育，有对在职员工的职业培训，有全社会性的启智服务，如建立图书馆、俱乐部，乃至用电影、文学、艺术等多种形式进行的教育和启智，还有宏观选拔人才的政策研究和实施各类管理人才的甄别选择。总之，人力资源开发更注重宏观，更注重整体，更注重全社会的启智。

人力资源管理的对象主要是正在从事体力劳动和脑力劳动的人们，其重在国家部门或组织的微观管理，包括了对一个成年人、具备劳动能力的人的全过程的管理，在这段过程中，也包括了在职培训、开发智力、合理调配使用等重要步骤。打个比方，人力资源开发如同对一块田地的开垦和播种，人力资源管理则是对庄稼的精耕细作、施肥浇水的具体的管理过程。人力资源开发有着更为广泛的含义，它包括了未成年人的教育和老年人退休后的发挥余热等重大问题，包含了全社会的宏观问题，而人力资源管理则着重于对人力资源所定义范围的人的管理。

可以说，人力资源开发是本，是根；人力资源管理则是果子，是收获。两者具有有机的联系，侧重点却有所不同。

二、人力资源战略概述

1. 人力资源战略

人力资源战略是组织为实现其战略目标而在雇佣关系、甄选、录用、培训、绩效、薪酬、激励、职业生涯管理等方面所做决策的总称。通过科学地分析预测组织在未来环境变化中人力资源的供给与需求状况，制订必要的人力资源获取、利用、保持和开发策略，确保组织在需要的时间和需要的岗位上，能够获取到一定数量和质量的人力资源，使组织和个人得到不断的发展。这也是组织发展战略的重要组成部分。

2. 人力资源开发战略

人力资源开发战略，是指为了有效地发掘组织和社会上的人力资源，积极地提高员工的智慧和能力，所进行的长远性的谋划和方略。可供选择的人力资源开发战略方案一般包括引进人才战略、借用人才战略、招聘人才战略、自主培养人才战略、定向培养人才战略、鼓励自学成才战略；而可供选择的组织人才结构优化战略方案则包括人才层次结构优化战略、人才学科结构优化战略、人才职能结构优化战略、人才智能结构优化战略、人才年龄结构优化战略。

3. 人力资源战略是组织战略的核心

在组织的竞争中，人才是组织的核心资源，人力资源战略处于组织战略的核心地位。组织的发展取决于组织战略决策的制订，组织的战略决策基于组织的发展目标和行动方案的制订，而最终起决定作用的还是组织对高素质人才的拥有量。有效地利用与组织发展战略相适应的管理和专业技术人才，最大限度地发掘他们的才能，可以推动组织战略的实施，促进组织的飞跃发展。

首先，人力资源战略可提高组织的绩效。员工的工作绩效是组织效益的基本保障，组织绩效的实现是通过向客户有效地提供组织的产品和服务体现出来的。而人力资源战略的重要目标之一就是实施对提高组织绩效有益的活动，并通过这些活动来发挥其对组织成功所做出的贡献。过去，人力资源管理是以活动为宗旨，主要考虑做什么，而不考虑成本和人力的需求。现在，经济发展正在从资源型经济向知识型经济过渡，组织人力资源管理也就必须实行战略性的转化。人力资源管理者必须把他们活动所产生的结果作为组织的成果，特别是作为人力资源投资的回报，使组织获得更多的利润。

从组织战略上讲，人力资源管理作为一个战略杠杆，能有效地影响公司的经营绩效；人力资源战略与组织经营战略结合，能有效地推进组织的调整和优化，促进组织战略的成功实施。

其次，人力资源战略有利于组织形成持续的竞争优势。随着组织间竞争的日益白热化和国际经济的全球一体化，很难有哪个组织可以拥有长久不变的竞争优势。往往是组织创造出某种竞争优势后，经过不长的时间就被竞争对手所模仿，从而失去优势。而优秀的人力资源所形成的竞争优势很难被其他组织所模仿，所以，正确的人力资源战略对组织保持持续的竞争优势具有重要意义。人力资源战略的目标就是不断增强组织的人力资本总和，而扩展人力资本，利用组织内部所有员工的才能吸引外部的优秀人才，也是组织战略的一部分。人力资源工作就是要保证各个工作岗位所需人员的供给，保证这些人员具有其岗位所需的技能，即通过培训和开发来缩短及消除组织各职位所要求的技能和员工所具有的能力之间的差距。当然，还可以设计与组织战略目标相一致的薪酬系统、福利计划，提供更多的培训，为员工设计职业生涯计划等，来增强组织人力资本的竞争力，达到扩展人力资本，形成持续的竞争优势的目的。

再次，人力资源战略对组织管理工作具有指导作用。人力资源战略可以帮助组织根据市场环境变化与人力资源管理自身的发展，建立适合本组织特点的人力资源管理方法。例如，根据市场变化，确定人力资源的长远供需计划；根据员工期望，建立与组织实际相适应的激励制度；利用更科学、先进、合理的方法，降低人力成本；根据科学技术的发展趋势，有针对性地对员工进行培训与开发，提高员工的适应能力，以适应未来科学技术发展的要求，等等。一个适合组织自身发展的人力资源战略可以提升组织人力资源管理水平，提高人力资源质量；可以指导组织的人才建设和人力资源配置，从而使人才效益最大化，将人力资源由社会性资源转变成组织性资源，最终转化为组织的现实劳动力。

最后，人力资源战略是实现组织战略目标，获得组织最大绩效的关键。研究和分析人力资源战略，有利于提升组织自身的竞争力，是达到人力资本储存和扩张的有效途径。人力资源战略在组织实施过程中必须服从组织战略，组织战略形成的实际中也必须积极考虑人力资源因素，二者只有达到相互一致、相互匹配，才能促进组织全面、协调、可持续发展。

三、人员使用的原则

人力资源管理的目的就在于合理地使用人力资源，最大限度地提高人力资源的使用效益。组织最基本的生产条件就是劳动力、信息、资金、劳动工具和劳动对象，这些生产要素的有机结合和不断的协调发展，才能促使组织有效运行，生产出高质量的产品以满足和适应社会不断发展的需求。在所有的生产要素中，人力资源是组织一切活动的主体，合理使用人力资源有利于提高组织的管理水平，有利于进一步提高员工的整体素质，从而可以不断增强新产品的研究开发能力，提高劳动生产率，提高设备使用率，节约材料和能量消耗，降低成本，等等。相反，人员使用不当，有的人没有事做，该做的事情没有人去做，在人员使用上该用的不用，不该用的滥用，事情人人负责，出问题又人人不负责，相互推诿扯皮，可以想象这样的组织不可能留住真正的人才，不可能有长久的生命力。所以，就民办高校而言，合理使用人员对其生存和发展具有至关重要的意义。只有做到人尽其才，才能做到物尽其用、财尽其力，才能使民办高校得到长期的可持续发展。具体来说，民办高校在人员使用方面要符合以下基本原则：

1. 人适其事

所谓人适其事，是指每个人都有适合自己能力和特长的岗位和具体工作。俗话说，没有不能用的人，只有用不好的人。在今天的许多民办高校中，仍然存在着用人上的随意性，不考虑员工的特长和意愿，结果自然招致诸如“专业不对口”“能力得不到发挥”等抱怨。所以，民办高校要对员工的个性特长有深入的了解，针对其特点安排相应的工作，做到人适其事。

2. 事得其人

所谓事得其人，是指民办高校中的每项工作和每个岗位都找到合适的员工来承担。工作的责任要明确，责任人当然也要明确，不能出现无人负责的现象，而这个员工必须是能够完成这项工作的。有的民办高校在人员使用上目光狭隘，只会在小圈子中寻找人选，往往就会出现“都不行，但退而求其次，只能他了”的现象。这既是人员使用不当的表现，也给工作带来了潜在的危机。所以，民办高校在使用人员上，一定要坚持为每个岗位找到最合适的人选，这样才能真正地把工作做好。

3. 人尽其才

所谓人尽其才，就是指每个人都能充分发挥自己的才能。这句话可能是我们平时听得最多的，但在实际中，很少有民办高校真正能做到。许多员工即使在合适的岗位上，才能也得不到完全的发挥，这与民办高校的人力资源管理的大环境直接相关，比如有些民办高校的薪酬政策，使员工产生“干多干少一个样、干好干坏一个样”的印象，自然就不会将他们的能力发挥到极致；有些民办高校，他们为员工设置的职业发展通道，与个人能力绩效没有直接的关系，而是与资历相关，如此员工也势必不会全力工作。所以人力资源管理的整个系统要能够调动员工的积极性，使其做到人尽其才，这样民办高校才能获得员工最大的主观能动性和使用效益。

4. 事竟其功

所谓事竟其功，就是要使工作完成到最好，或者说获得在现有条件下最好的效果。这一原则粗看上去与人员使用无关，但实际上却反映了人员合理使用后的结果，也是衡量人员是否合理使用的标准。在近一两年，美国民办高校员工跳槽现象非常普遍，但学校的高层管理者并不是简单地担忧人走了，他们更关心的是有没有更好的人来，将工作做到最好；如果能够有这样的人，说明其人力资源使用上没有大的问题。这里他们就是采用事竟其功的原则来检验的。

四、民办高校教师现状与分析

民办高校是我国高校的一个重要的组成部分，而民办高校教师更是其中一个特殊的群体，从公办高校的教师的普遍性，去探析民办高校教师群体的职业情况更有意义。

教育部 2016 年统计数据显示，全国民办高校占高等学校总数的 28.5%，专任教师数量方面，民办高校达到 30 多万人，占比高达

20%。由此可以看出，民办高校教师显然已成为我国高校系统中一个较为庞大的群体。由于公办与民办的区别，所以其有别于公办高校教师，虽然数量日益庞大，但是与公办高校相比，从教学工作量、日常工作任务方面而言，民办教师则更大更重。另外，在科研支持方面，无论是科研经费还是工作量计算上，民办高校教师更难得到相应的支持，而这些问题则容易让民办高校教师产生工作倦怠。

因为民办高校教师的积极性和成果质量，与其职业倦怠的维度和程度直接相关，所以，对于民办高校教师职业倦怠的研究必须予以关注。下面，就通过专家访谈、精确问卷等，再利用粗糙集理论，对民办高校科研倦怠指标进行约简，得到民办高校教师职业倦怠指标，并提出相应的干预对策。

1. 倦怠问题的提出

1961 年，“倦怠”（Burnout）一词开始被提出，到 1974 年，倦怠的概念被引入学术研究领域，1981 年，开发出工作倦怠量表（MBI），对社会部分工作者的工作倦怠状况进行了测量研究。相关学者指出，在职业环境中，职业倦怠是一个人对长期的个人情绪、工作压力以及工作场所人与人的关系不能有效应对，而反映出来的态度冷漠及工作厌倦等方面的综合征。此后，有关工作倦怠的研究不断走向深化，倦怠的概念和研究对象也逐渐扩展到教育职业。

目前国内对高校教师职业倦怠的研究，其特点主要表现为四个方面：一是从教师职业生涯发展的角度来研究教师的职业倦怠；二是对教师职业倦怠的研究逐渐细化，从不同性别、不同学历、不同类型学校教师的角度进行研究；三是开展了大量实证研究，将定性研究和定量研究相结合，为教师职业倦怠研究提供积累了大量实证资料；四是对教师职业倦怠研究的本土化趋势不断加强，许多研究都是基于西方职业倦怠思想，结合中国教育（包含公办和民办教育）的一般环境和具体环境进行的。

2. 民办高校教师职业倦怠指标

为有效地掌握民办高校教师职业倦怠现状，我们对民办高校教师开展调研，并对相关领域的专家进行访谈，收集相关意见，初步拟定了可能造成其职业倦怠的10个方面的倦怠指标：情绪疲劳；工作任务重；岗位竞争机制不合理；安全感低、心理压力大；缺少人文关怀；薪酬待遇偏低；社会地位优越感差；个人发展空间窄；管理制度苛刻；科研环境差、缺乏交流。

（1）倦怠指标决策表。

1982年，波兰的数学家Z.Pawla基于其成熟的数学基础，首次提出粗糙集（Rough Set）理论，它能够有效地处理那些不完整、不精确甚至不一致的信息。这种理论不需要先验知识，特别是它具有易用性。

对于那些不确定性和含糊性的问题，它是非常有效的数学处理工具。主要是其很好地利用了知识简化和核的原理，其分析的前提是先构造出标准分析信息与决策表。

首先，利用很好、较好、一般、较差作为逻辑语言而不是数据，决策表是粗糙集理论对影响因素的最有效的描述。

逻辑语言等级描述采用 4、3、2、1 来分别表示，很好对应 1，较好对应 2，一般对应 3，较差对应 4。我们对民办高校职业倦怠情况，根据精确的调查问卷数据，构造了指标决策表，如表 1–1 所示。

表 1–1　民办高校教师职业倦怠指标决策

标本	倦怠指标分析										决策属性
	Z1	Z2	Z3	Z4	Z5	Z6	Z7	Z8	Z9	Z10	
F1	3	1	4	3	3	2	1	4	3	2	2
F2	2	4	2	3	3	4	2	3	2	3	3
F3	2	3	4	2	2	3	2	4	3	4	3
F4	2	3	2	3	3	4	2	3	2	3	2
F5	2	3	4	1	2	3	2	4	3	4	4
F6	4	2	2	3	2	3	2	4	3	3	3
F7	4	2	1	2	3	4	3	2	3	1	1
F8	3	4	2	3	4	2	3	4	3	2	4
F9	3	4	2	3	4	3	3	4	3	2	3
F10	4	2	2	3	2	3	3	4	3	3	4
F11	2	3	4	1	4	3	2	4	2	2	3
F12	3	4	2	3	4	3	2	2	3	2	2
F13	3	2	3	1	2	3	3	2	3	1	3
F14	4	2	3	2	3	3	2	3	3	2	2
F15	1	3	2	4	2	2	3	2	1	3	1
F16	4	2	3	2	3	3	2	3	3	2	4
F17	4	2	3	3	3	3	2	3	3	2	2
F18	3	4	2	3	4	3	2	3	3	2	3
F19	3	2	3	1	2	3	3	2	3	3	3

（2）基于属性的指标约简。

属性约简分为找出核属性、得出最小约简两步。利用分析法对数据进行分析，然后将条件属性逐一去掉，若影响则为核属性，无影响则为非核属性。确定条件属性集为 C，决策属性集为 D。

U/D={{5，8，10，16}，{2，3，6，9，11，13，18，19}，{1，4，12，14，17}，{7，15}}

U/C={{1}，{2}，{3}，{4}，{5}，{6}，{7}，{8}，{9}，{10}，{11}，{12}，{13}，{14}，{15}，{16}，{17}，{18}，{19}}

Pos_c^D={1，2，3，4，5，6，7，8，9，10}

U/C−{Z1}={{1}，{2}，{3}，{4}，{5}，{6}，{7}，{8}，{9}，{10}，{11}，{12}，{13}，{14}，{15}，{16}，{17}，{18}，{19}}

$Pos_{c-\{Z1\}}^D$={1，2，3，4，5，6，7，8，9，10，11，12，13，14，15，16，17，18，19}

$Pos_{c-\{Z1\}}^D=Pos_c^D$

∴ Z1 为可去属性。

同理，可知核属性集为：

Core={Z2，Z4，Z6，Z7，Z8，Z10 }

U/{Z2，Z4，Z6，Z7，Z8，Z10}={{1}，{2}，{3}，{4}，{5，6}，{7}，{8}，{9}，{10}，{11}，{12}，{13}，{14}，{15}，{16}，{17}，{18}，{19}}

$Pos_{\{Z3, Z4, Z5, Z7, Z9\}}^D= Pos_c^D$

∴ { Z2，Z4，Z6，Z7，Z8，Z10 } 为最小相对约简。

约简并去掉冗余的属性后，最后得出民办高校教师职业倦怠核指标分别为：工作任务重；安全感低、心理压力大；薪酬待遇偏低；社会地位优越感差；个人发展空间窄；科研环境差、缺乏交流等六方面，这些因素导致了民办高校教师的职业倦怠。如表 1–2 所示。

表 1–2　民办高校教师职业倦怠核指标

倦怠核指标					
工作任务重	安全感低、心理压力大	薪酬待遇偏低	社会地位优越感差	个人发展空间窄	科研环境差、缺乏交流

①工作任务重。

国家对民办高校的要求中规定，其通过学费或举办者投入等方式筹措建设经费、办学经费等，所以民办高校的举办一方面要进行投入，另一方面则要“以学养学”。为有效地控制成本，无论是在教师的引进还是培训等方面，往往采取控制数量或从紧的措施。这决定了民办高校必须考虑成本因素，所以民办高校在师资配置上必然没有像公办高校那样以教学的需要作为完全的出发点，其专职专任教师配置数量必然不足，进而必然导致民办高校教师的工作强度大、负荷重。

在调查中发现，大部分民办高校，专业教师的周课时量达到 16 节或以上的情况比较常见，甚至每学期任教课程有 3—4 门之多。教师绝大部分时间都花费在备课、上课及作业批改上。所以，当教师出现工作量大、强度高及负荷重的情况时，其就会出现生理疲惫、认知能力差等，从而造成工作效率低下，甚至出现情绪失控等职业倦怠恶性现象。

②安全感低、心理压力大。

马斯洛需求理论提到安全感是人的最基本的需要之一。虽然民办高校已经由粗放型向精细化发展，但是要真正达到体制完善、管理规范，还有很长的路要走，所以造成民办高校各个方面不尽完善，民办高校教师在学校里稳定感不强、安全感低和归属感差不良的现象，从而影响了教师的工作心态及工作效果。

另外，民办高所实行的合同制，使得民办高校教师的职业安全性较低，而职业安全性较低的必然反应之一就是职业压力大。在教师考核方面，为了保证教学质量，民办高校的考核与公办高校相比更为严格，甚至进行考核淘汰机制，这就使得民办高校教师难以安心进行工作。在时常出现高压的状态下，教师出现职业倦怠的概率必然增大。

③薪酬待遇偏低。

由于民办高校办学经费主要来自民间资金和学费收入，相比公办高校而言资金有限、稳定性差，使得民办高校的进一步发展受到了影响和制约，与资金实力相对雄厚的国外高校，或者有国家支持保障的国内公办高校相比，明显处于劣势。

当前我国民办高校薪酬管理问题很多，特别是民办高校教师薪酬管理制度十分不完善，如薪酬管理存在随意性，欠缺长远的薪酬制度和长期规划；薪酬定位不明确，结构也不合理等。而最主要的原因是民办高校的经费有限，对教师不够重视，导致了民办高校教师在完成额定的工作量（工作量一般都要比公办高校教师高三分一或以上）后，所得的收入普遍要比相应的公办教师的薪酬低，这也容易导致民办高校教师产生职业倦怠。

④社会地位优越感差。

公办高校经过长时间的发展与沉淀，已经形成了教学质量高、能力强、科研强、环境好、水平高等良好的基础和社会声誉，并得到了社会的广泛认同和充分肯定。

而民办高校的成立和发展时间较短，无论是办学质量、教学水平还是经济投入等各个方面都难与之相比，这也必然导致民办高校教师的社会地位相对公办高校教师的要低。甚至他们在社会上一般都含糊地表述在高校任教，而不敢正面回答在哪一所高校工作，其根本原因就在于公立高校在社会民众的教育认同度上，要远远高于民办高校。而社会地位优越感差，亦使民办高校教师对职业逐渐产生了倦怠。

⑤个人发展空间有限。

高校作为教师发展的主要组织者和教师发展政策的制定者，还要在积极引导和激励教师成长和发展的问题上发挥重要的作用。对于民办高校教师的成长与发展，从宏观上，领导要积极给予政策方面的引导和扶持，同时还要从制度上给予保障；从微观上，要对教师的成长和发展进行分析、诊断和评价，使其能够不断成长。

高校教师参加各类培训教育是其自身提高、发展的重要途径，能够让其得到良好的个人发展空间。公办高校由于经费和资源充足，必然可以给教师提供良好的发展空间，但是民办高校由于办学经费和资源有限，必然难以给教师提供充足的发展空间，往往把保障教师发展停留在口头上，难以促进和激发他们的发展动力，造成民办高校教师个人发展空间窄的状况，这同样会使其出现职业倦怠。

⑥科研环境差、缺乏交流。

民办高校的师资主要来自三个方面：一是高等院校刚毕业的硕士研究生，占了绝大部分；二是高等院校的退休教授、副教授；三是公办高校在职教师兼职。由于在民办高校只对课堂教学有要求，而对科研没有相应规定，所以学校只针对教学进行评价，科研并不作为教师的考核指标，所以在教学工作量比较大的情况下，民办高校往往容易忽略科研工作这一对教师成长非常重要的部分。另外，由于学校对科研没有要求，所以在这方面也不会有较大的投入，从而造成科研环境差，教师科研动力不足、兴趣不高等不良现象。

此外，由于民办高校经费的限制，在一定程度上影响了学校选派教师外出进修的愿望，甚至很多民办高校从不选派教师外出进修或进行学术交流，这也必然会影响教师的职业发展，从而造成其逐渐出现倦怠。

（3）应对民办高校教师职业倦怠的干预对策。

①社会的支持。

民办高校为社会提供了有效的教学资源，所以需要充分地认识到民办高校教育的特点，进而深刻理解其在我国高等教育中所具有的特殊性和重要性，这将有利于我国民办教育的发展。

我们的社会既需要有理论素养的研究型人才，也需要大量的职业人才。民办高校教育基本都定位于具有一定专业知识的应用型人才的培养上，这也是为了满足社会发展的实际需要。因此，我们既要有效地宣传民办高等教育对人才培养的重要性，也要向民众传达民办高校教师对社会的价值，还要避免出现歧视民办高校教师的现象，不断地提高其社会地位，以此来增强民办高校教师的职业认同感，使得他们对自己的职业真正地热爱起来。

②学校重视。

民办高校教育的发展，学校领导对教师的重视是关键，不能觉得现在的硕士研究生毕业生数量大，容易招到教师，而不重视在编教师的稳定性，使其归属感很低甚至没有归属感，因而出现职业倦怠。此外，各民办高校还要积极给教师的个人提高及职称评定提供更为便利的条件，促进民办高校整体向好发展。

在民办高校的办学指导思想中，一般都是以应用型人才培养为重点、以知识传授型为主，着重培养学生对专业知识和专业技能的应用。所以，民办高校教师的课时要求一般都比较多，教学工作量普遍较重，当然，主要原因还是其成本的限制，造成教师工作压力偏大。在这种情况下，民办高校就要更积极地为教师创造良好的学术氛围，促进教师的个人成长与发展，充分发挥教师的主观能动性，让他们充分地融入学校中，成为学校的主人之一。这对于提高民办高校教师的工作情绪，是一种有力的支持。

③个人的努力。

作为一名高等学校的教育者，其既传播了先进的文化知识，也传授了先进的生产技能，所以，更要深刻理解身为教育者的重要意义。作为教师，需要真正认识教育工作的性质、地位及其发展的重要性，要不断地进行自我调整以适应社会经济发展的需要，更要对自己的职业有高度的认同感以及自我肯定。在教书育人的同时，也要不断地进行自我提升，特别是要继续努力学习专业文化知识以及职业技能，让自己在理论教学和实践教学过程中，更有效地将知识和技能传授给学生。在教学工作过程中，要积极地面对社会上的一些偏见或工作中的困难，调整好自己的思想和情绪，依靠自我努力，寓教于乐。

作为民办高校的管理者，也要根据教学需要及教师的发展需要，有效地提供能够使教师能力得到展示或工作取得成就的机会，既能让教师自我提升，又能令其提高自信。特别是当教师遇到挫折或困难时，更要鼓励其积极面对，使其安于教学的同时又能实现自身价值。

教师队伍的健康发展是一切教育活动正常有序开展的前提。要通过各种有效的途径，激发民办高校中所有专业教师对职业的兴趣，特别是提高其工作的积极性，尽可能地使其不出现或少出现职业倦怠，从而提升民办高校的教育质量。

第二章

民办高校管理改革战略框架

一、民办高校改革战略与发展

民办高校的举办及管理方，其机构一般都以教育集团来命名，教育集团一般会成立两个或两个以上的教育实体。以某教育集团为例，它既举办了一所民办高校，也举办了一所民办普通中学，其架构如图 2–1 所示。

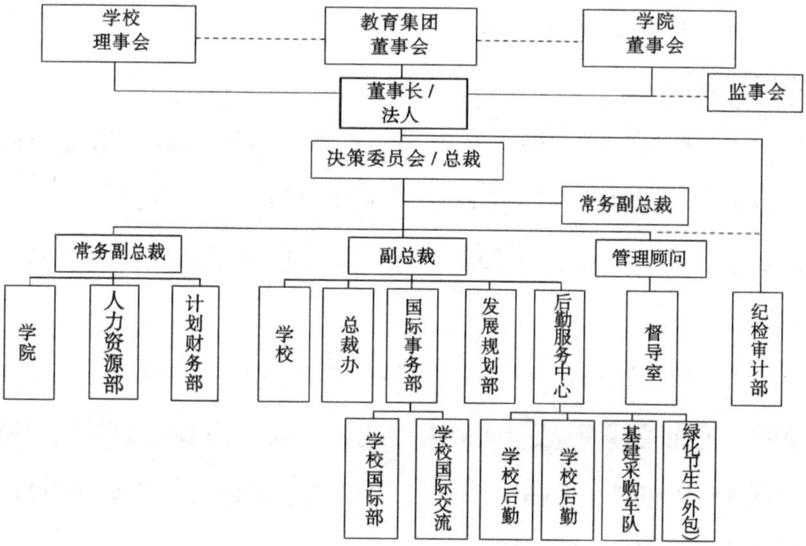

图 2–1　教育集团架构图

基于民办高校的现状与发展，为迎合其发展需要，我们针对民办高校的管理提出改革战略框架建议。改革战略框架建议是在对民办高校举办方——民办高校教育集团，及其所举办的民办高校了解的基础上提出的，它的提出既要有前瞻性，又要符合民办高校实际改革战略的系列措施，需要进行深入广泛的内部访谈和高层访谈；基于事实的数据分析；基于外部环境变化的新趋势分析；对过往经验的充分参照；对咨询工具的创造性运用；切实可行的评价建议，等等。

1. 民办高校的现状

总体来讲，外在的红利消失，呈现“上压下顶”的现状，发展承压。从总体趋势来看，民办教育将从野蛮、粗放、扩张模式走向依规依法发展。

（1）“上压”的诸多因素表现为：人口红利消失，招生人数受限；教育“强监管”周期来临，招生红利消失；教育公共性、非营利性要求，使得学费提高难度大；教育质量难以达到学生和家长的满意度。

（2）“下顶”的诸多因素表现为：战略迷失，规划不清；教学质量堪忧，创新积累不足；优秀人才流失，民营高效的管理机制越来越类似于“公办”；面临“营利性”和“非营利性”办学性质抉择，对举办人后续长期的回报看不清楚。

2. 如何进一步发展

如何进一步发展，需要算一下“经济账”：收入基本不能增长，成本逐步上升，利润倒逼出现长期下滑趋势，其模型如图 2–2 所示。

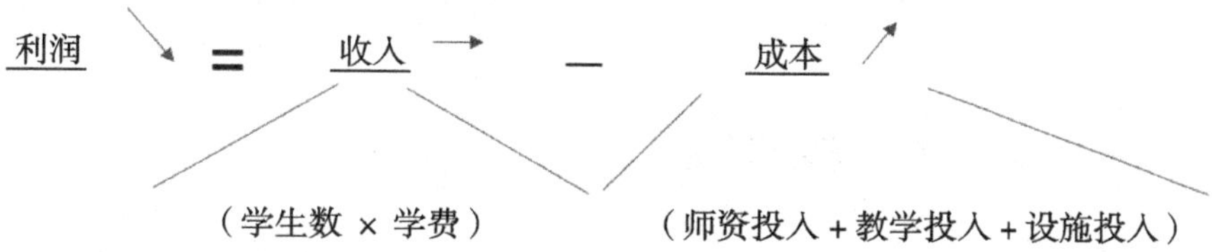

图 2–2　利润趋势模型

（1）影响分析。

①对于收入的影响：

第一，高考学生下降，出国比例提高，公办高校扩招，导致招生面临增长困境，不可能继续大幅度增长，招生红利已经逐步消失。

第二，学费接近承受上限。

②对于成本的影响：

第一，保留和吸引教师，优化目前的哑铃型人才结构，需要继续大量投入。

第二，教学设施不足、老化，也需要投入。

（2）从经营和管理层的角度而言，他们需要了解基层的人心。

（3）从学校教职工的角度看，目前他们的心态是：

①改革的呼声不敢喊出来，人心迷茫，信心不足。

②前期左右摇摆的路线，极大地打击和耗散了初心、热情。

③用考核代理管理，机制缺乏创新。

③部分人在观望，组织没有活力，改革动力不足。

④多数人在养老，维持现状即可，等待国有化。

⑤老员工靠旧情苦苦支撑。

3. 展望未来：学校再造

虽然面对一些困难，但如果教育集团扩大视野，真正面向市场，放水养鱼，用 5 年时间，完全可以再造一个民办高校。如图 2–3 所示。

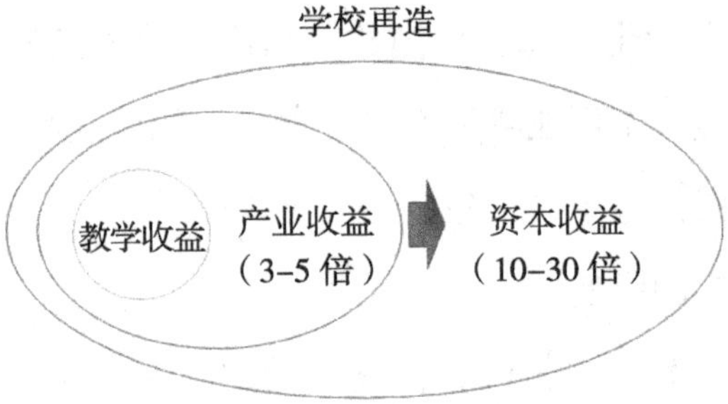

图 2–3　学校再造模型

4. 民办高校的出路

（1）从外部来看，政策逐步明确，2018 年 8 月的《中华人民共和国民办教育促进法实施条例（修订草案）》首次认可了举办人融资办学的行为，指出要维护举办者的合法权益，进一步明确举办者对学校的管理权和依章程规定获取薪酬的权利，审慎放开民办学校融资，规定举办者可以依法募集资金举办营利性民办学校，即可以以依法发行股票、债券以及设立公益性基金等方式进行募资。

未来有以下几个趋势：

① 民办学校可以以未来经营收入、知识产权等进行融资。

②举办非营利性民办学校的基金会等法人组织，可以利用自身资产或者向学校提供的服务等合法权益进行融资。

③外国投资者关注国内市场缺口较大的教育领域，将放宽外资股比限制。

（2）从内部来看，我们需要厘清思路，明确策略，分清存量和增量，让存量部分回归，重点转向做增量；存量部分坚持“非营利”，增量部分间接增加盈利性。

①存量部分：坚持“非营利”，回归公共化、公益化、利用教学资源实现滚动发展，始终坚持政治正确、提高教学品质、教学科目一院一品特色路线，继续稳定招生份额。

②增量部分：借力资本，整合更加广泛的资源，快速弥补目前发展的短板，使用资产重组、校校合作、政校合作、校企合作、产教融合、项目合作、产业合作和股权合作等多种方式，实现从教学收益到产业收益再到资本收益的跨越发展。

5. 未来发展的三条道路推演

未来改革的道路，围绕上述“利润 = 收入一成本”的模型来看，无非是三条：努力扩大收入，实现成本的增加；暂时不变，内部挖潜，不再投入；减少成本，实现利润的增加。可以预料的三条道路的路径推演如图 2–4 所示。

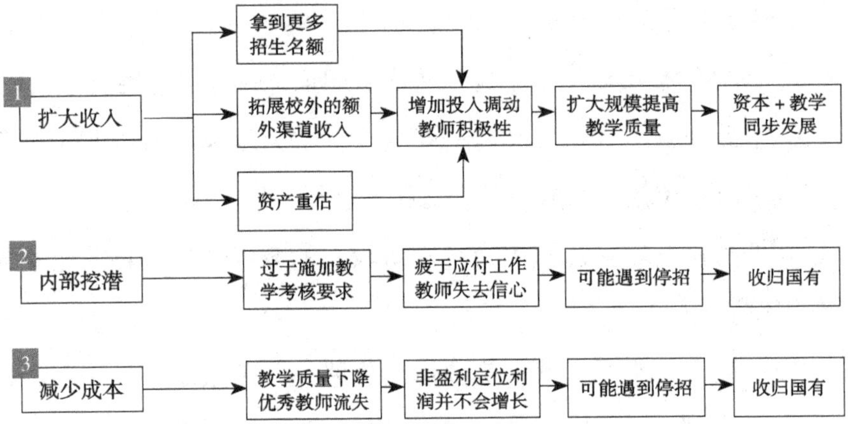

图 2–4　路径推演模型

6. 改革路线

（1）改革路线一：扩大收入，拿到更多招生名额。

①路线一方案 A：引入战略投资（上市公司），合并整合，进入上市公司体系，拿到更多招生名额，再实现品牌、师资、教学的整合与提升。如图 2–5 所示。

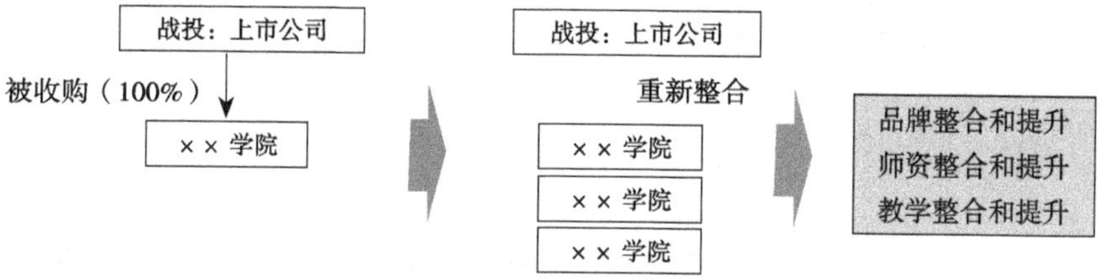

图 2–5 合并整合模型

②路线一方案 B：引入战略投资（其他教育集团），出让部分股权，拿到更多招生名额。

建议：出让股权方应优先考虑职业技术学院，形成从中专、大专、专升本到本科的升学链条，实现间接扩大生源，扩大收入，同时使双方学院特色尽可能互补。如图 2–6 所示。

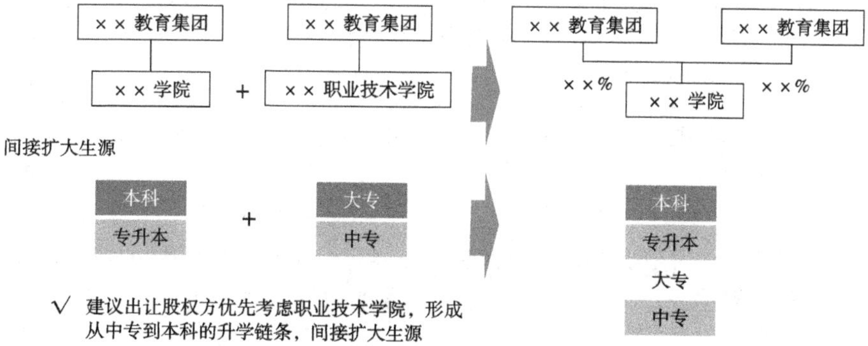

图 2–6 联合模型

从外部大趋势来看，2017—2019 年民办高校的港股上市公司并购频繁，洗牌开始！上市集团通常会瞄准民办二、三本或者独立学院，一般会要求学校资产在 10 亿元以上、学生人数在 3000 人以上，并且“有土地有房产的优先”。由于教育产业是逆经济周期的行业，且有二胎等政策的利好，资本对这个行业前景较为看好。如表 2–1 所示。

表 2–1　2017—2019 年 6 月底含民办高校的港股上市公司并购案

序号	并购方	日期	被并购方	状态
1	宇华教育	2019–02–28	Thai Education Holdings Co.,Ltd. （斯坦福国际大学）	完成
2		2018–09–01	开封市博慧教育资讯咨询有限公司 （斯坦福国际大学）	完成
3		2017–12–27	LEI LIE LIMITED （湖南涉外经济学院、湖南猎鹰技工学校、湖南猎鹰物业管理、湖南涉外经济学院职业技能培训中心）	完成
4	民生教育	2019–03–15	南昌合至同教育咨询有限公司 （南昌职业学院）	未完成
5		2018–12–20	励德国际教育集团有限公司（简称励德集团） （云南大学滇池学院）	完成
6		2018–11–23	曲阜昌永企业管理咨询有限责任公司 （曲阜远东职业技术学院）	未完成
7		2018–05–02	世纪宽高（北京）投资管理有限公司 （山东省寿光市渤海实验学校）	完成
8		2018–02–23	重庆电信职业学院	完成
9		2017–08–30	安徽文达信息工程学院	未完成

续表

序号	并购方	日期	被并购方	状态
10	新高教	2019–01–11	嵩明新巨企业管理有限公司（简称嵩明新巨） （广西英华国际职业学院、广西英华国际职业技术学校、广西英华国际职业学院附属中学）	完成
11		2018–12–10	哈尔滨华德学院	完成
12		2018–10–08	洛阳科技职业学院	完成
13	中教控股	2019–06–25	四川外国语大学重庆南方翻译学院	完成
14		2019–03–20	山东大众文化产业投资有限公司 （济南大学泉城学院）	未完成
15		2018–09–21	松田学院和松田职业技术学院	完成
16		2018–03–23	赣州西铁教育咨询有限公司 （西安铁道技师学院）	完成
17		2018–03–23	树仁教育管理有限公司 （郑州城轨交通中等专业学校）	完成
18		2017–08–14	广州白云工商高级技工学校	完成
19	21世纪教育	2018–12–17	新天地线信息技术有限公司（简称新天地线）	完成
20	希望教育	2019–03–08	成都五月阳光教育管理有限公司（简称五月阳光） （贵州大学科技学院）	完成
21		2017–12–20	四川托普职业技术学院	完成

③路线一方案 C：引入战略投资，发起并购产业基金，站在全球的制高点，走出去、引进来，开启海外扩张之路，充分利用国际化教育优势，利用中外合作办学的优势，借力“一带一路”进行全球布局。

案例 1：中教控股与慧理集团拟成立总规模 50 亿元的教育产业并购基金。

案例 2：民生教育集团与中金资本合作，设立 100 亿元并购基金，重点投资民办高校。

④路线一方案 D：发行资产抵押债券，盘活目前存量资产，加大资源投入，支持内涵式发展所需要的资源。

案例：武汉华夏理工学院、武汉晴川学院（原武汉大学珞珈学院）、阳光学院、厦门英才学校都已经发行 ABS 融资。如表 2-2 所示。

表 2-2 发行 ABS 融资例表

项目名称	原始权益人	发行总额（万元）	担保人
津桥学院资产支持专项计划	昆明理工大学津桥学院	105，000.00	云南省城市建设投资集团有限公司
厦门工学院信托受益权资产支持专项计划	厦门工学院	67，700.00	
武汉理工大学华厦学院及武汉大学珞珈学院 2016 年信托受益权资产支持专项计划	武汉理工大学华厦学院	75，700.00	

说明：第一，抵押担保会有一定的障碍，收费权质押会有一定的可行性；第二，如现金流较好，有稳定的收入来源，可探索利用非教育教学设施作抵押，以收费权、未来经营收入、知识产权质押贷款融资；第三，收费权质押可以考虑作为融资时的增信措施。

（2）改革路线二，拓展校外的额外渠道收入，增加投入，调动老师积极性，提高教学质量，资本 + 教学同步发展。

①路线二方案 A：打造产业合作平台，实施政校合作、校企合作、校校合作，开放优秀人才和技术持股的股权激励机制，拓展新渠道收入，反哺教学。如图 2–7 所示。

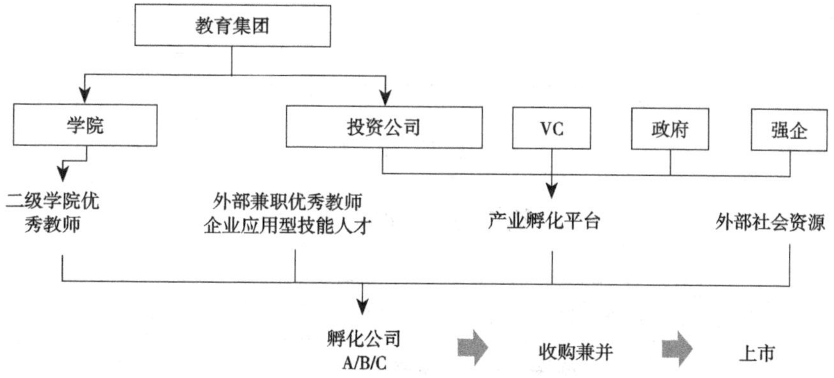

图 2–7　产业平台模型

具体做法：教育集团成立投资公司，引入 VC，联合政府和优秀企业，成立产业的孵化平台，利用股权激励模式，引入优秀老师或外部兼职的优秀老师、企业应用型技能人才和外部社会资源共同投入和孵化创业型公司，并支持其孵化成长为独角兽，甚至是上市公司，通过收购、兼并、卖出股份实现高溢价，实现“再造一个学院”。

②路线二方案 B：跨界整合地产和教育、养老和教育、医疗和教育、国际旅游和教育，多方位探索，输出品牌，再造一个大宏图。这需要比较强大的教育品牌的输出，目前而言还有一些距离。

③路线二方案 C：打造项目合作平台，教育集团与学校合作，开展合作项目（见图 2-8）。实施政校合作，找政府进行品牌项目合作，然后学校若干其他内部二级学院联合协作，跟进落实（见图 2-9），例如国际化合作教学与项目合作、与产业园合作等。或者，也可以找同类型的高校、职业院校或企业进行校校合作，发展培训产业、学科互补。例如，针对热门就业专业如人工智能、物联网等进行合作。

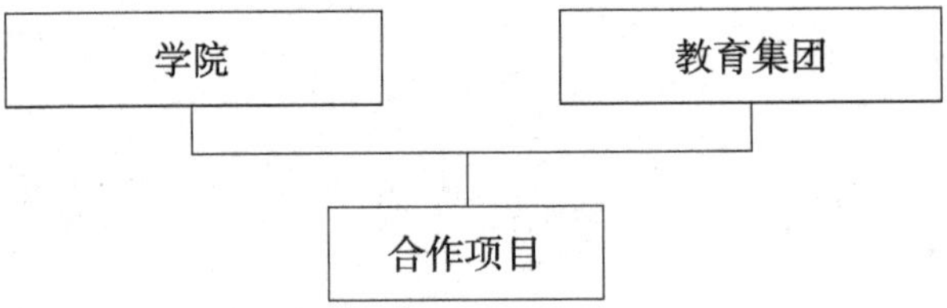

图 2-8　合作平台

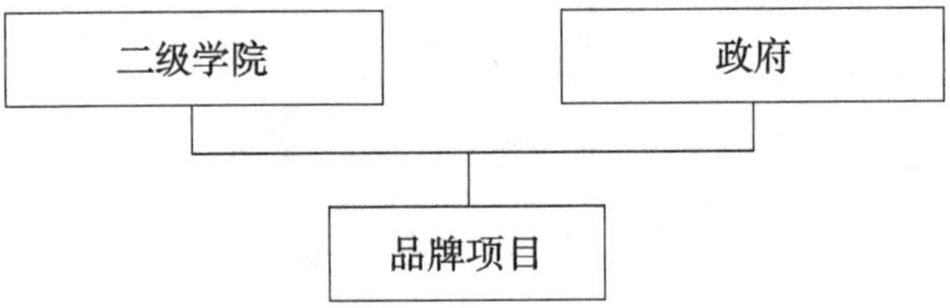

图 2-9　政校合作

（3）改革路线三：用上市手段，实现对资产的重估。

剥离部分中小学公益教育后上市，选择营利性质，用上市手段，实现对目前资产的重估，这种方式有一定的可行性，但难度比较大。上市的相关要求和标准是：

①一定的规模和利润率；

②每年都必须有增长；

③原始股权被稀释。

目前民营教育集团的上市高峰期已经过去，国家政策支持力度变弱。在目前政策的指导思想下，将营利性民办学校落地还是有一定难度的。就上市的好处而言，据我们观察多个公司旗下学校数据排名发现，早期被并购的学校在招生分数线、就业率、收入规模等方面均有增长，运营成本及负债率也有所下降。如表 2-3 所示。

表 2-3 港股中包含民办高校的上市公司（截至 2019 年 6 月）

序号	公司	上市时间
1	成实外教育有限公司（简称成实外教育）	2016-01-15
2	中国宇华教育集团有限公司（简称宇华教育）	2017-02-28
3	民生教育集团有限公司（简称民生教育）	2017-03-22
4	中国新高教育集团有限公司（简称新高教）	2017-04-19
5	中国教育集团控股有限公司（简称中教控股）	2017-12-15
6	中国新华教育集团有限公司（简称新华教育）	2018-03-26
7	中国 21 世纪教育集团有限公司（简称 21 世纪教育）	2018-05-29
8	希望教育集团有限公司（简称希望教育）	2018-08-03
9	中国春来教育集团有限公司（简称中国春来）	2018-09-13
10	中国银杏教育集团有限公司（简称银杏教育）	2019-01-18
11	中国科培教育集团有限公司（简称中国科培）	2019-01-25
12	中国东方教育控股有限公司（简称中国东方教育）	2019-06-12
13	嘉宏教育科技有限公司（简称嘉宏教育）	2019-06-18

资料来源：Wind，工行投行部研究中心。

现有改革就是在走路线四“减少成本”和路线五“内部挖潜”，现有的改革思路的本质是：“造血—挖潜—异地扩张”。

第一，造血越来越很难，且办学压力越来越大。目前资金来源完全依靠举办方自筹，融资途径少，收入结构比较单一，主要来源于学费和住宿费，财务运作风险较大，一旦生源市场萎缩，抑或主要的收入来源下降，都将直接威胁到民办高校的正常运作。

第二，内部挖潜方法不对。

方式一：考核倒逼。用管理从上而下倒逼压力，强化教学绩效考核，本质上是用运营效率的提升代替改革；将会因为缺乏资源投入难以持续。

方式二：机制倒逼。大类招生、学分制改革是机制倒逼，比管理倒逼更加有效，但目前没有实际推动的效果，力度不够。但本质上无论用哪种方式，都是小修小补。

第三，异地扩张很难实现。通过“内部挖潜”而“复制团队 + 输出管理”，实现异地扩张，在没有外力加持的前提下，仅压缩内在的资源盘子，人才复制、输出难度非常大，短期基本不能实现。

7. 路径的初步对比分析

从价值和实现难度两个角度，我们分析和评估了上述三条改革路线，形成的初步结论如图 2–10 所示。

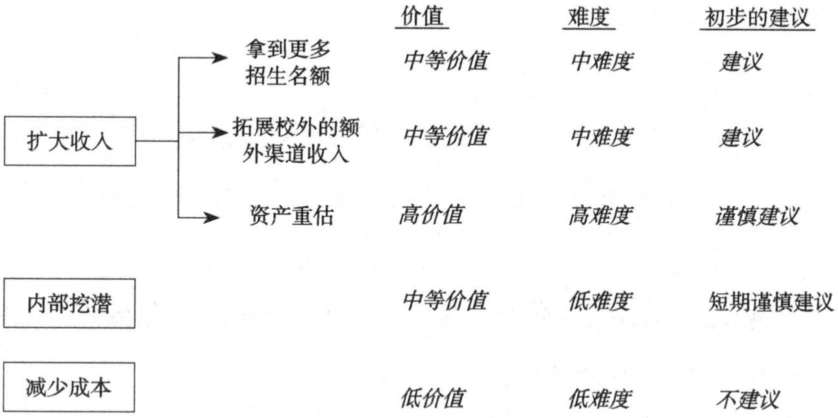

图 2–10　路径的初步对比分析图

我们建议：教育集团短期可以采取内部挖潜的模式，但从长期来看，应该迅速将重点调整到以产业、资本运作为基础的扩大收入为主要特点的改革路线上来。

8. 改革的配套措施

为了更好地落实后续的改革，民办高校内部还存在全方位的大量沟通、组织发动、征求意见和科学决策等工作，建议从以下几个角度部署改革的配套机制，但核心是围绕“如何发挥民办高校、民办教育集团的机制灵活和创新优势”，否则改革又会落入俗套，不了了之。

（1）领导层。

领导的定位是锐意改革、选择路线、团结力量，而不能只是做教学的运营。

（2）人才。

用激励机制激发人才的活力，要用非常规手段大力引入新力量，包括重量级、名校高知、复合型素质的人才，弥补哑铃型人才结构。

（3）机制。

①形成学校对外的合力，改变目前各自为战、力量分散、思路不一、缺乏统一协调的局面。

②做大项目，横向拉动多学院的跨部门项目团队。

③将学院作为二级经营单元，释放组织活力。

④打造校级市场化平台，作为孵化创业创新平台，赋能和支持新增量。

⑤建议启动员工持股计划和保障计划。

（4）理念。

①“教学”与“经营”相对分离，从经营的增量中找出路。

②需要举办方主推改革，否则成效不大。

③对教师需要真正广开言路，凝聚改革共识，摒弃维持现状的办法。

总之，学校须重新定位，扩展内涵外延，突出区域和学科特色，支持未来发展。

二、学校机构改革

民办高校在改革开放40年多来的浪潮中从无到有，从幼稚走向成熟，《民办教育促进法》及其实施条例的颁布，使民办高校迎来了发展的春天。由于产生基础的差异，导致了管理体制的差异。一方面要自主经营，自负盈亏，另一方面作为学校的公益性质使其管理模式基本是模仿公办院校的管理体系，这种企业式运营加政府式管理的民办院校模式，成为民办院校“大部制”改革进程中的障碍。

高校“大部制”是“大部制”与“学院制”相结合的一种形式，是以学科为分类基础，将同一学科门类的院系进行合并重组成的一级管理机构。本书也是基于这一概念对目前高校实施的“大部制”的现状进行分析的。

1. 民办高校体制机制运行存在的问题

（1）政府化的管理框架，行政化的管理理念。

多年来，“官学”起源的历史渊源对民办高校影响很大，组织架构政府化严重，缺失了以教学、科研、公共服务为目标的公共组织本位。机构设置和部门关系与政府设置相差无几。究其原因是政府主导办学，但忽略了部门与职能在民办高校中的二重性，增加了民办高校内部管理的矛盾，导致管理效率低下。同样，机构设置的一致还弱化了学术权力，强化了行政权力。于是，民办高校内部形成了等级森严的金字塔结构。在权力的支配下，出现部门横向联系降低、内部利益至上的现象，较少能够从全局出发解决问题。

（2）管理部门职能定位模糊。

我国民办高校内部管理机构的职能定位模糊，部门间管理效率低下，这与民办高校管理的扁平化需求不相一致。首先，自身性质上的定位模糊。在教育产业化的冲击下，民办高校准公共产品属性改变，产业化发展与民办高校本质二者之间的矛盾不能被很好地解决。其次，管理部门改革不能实现重构，新老问题堆积，弱化了整体效能。多次的民办高校内部管理改革激化了矛盾，成果却很少。改革流于形式，名称整改，但没有触及管理模式与运行机制。不彻底的改革让职能更加混乱，矛盾更加突出。最后，部门间缺乏有效的信息平台。虽然对外民办高校是作为一个整体存在，但在行政化现象明显的内部，部门之间的利益很难协调一致。部门内部信息共享，而整体没有共享，信息孤岛效应明显。

（3）缺乏有效决策机制。

民办高校“官本位”文化现象明显，人为地扩大了行政领导的作用和地位，部分民办高校甚至将行政领导的想法作为管理部门的价值诉求，出现了“领导主观主义”和“唯领导意志论”的错误思想，弱化了规范管理和科学论证。于是，高校决策缺乏合作精神和团队意识，一个决策往往由多部门共同负责，主要责任主体不清。

2. 民办高校“大部制”改革的内涵

（1）合并职能与业务，精简机构与人员。

“大部制”改革的途径是机构合并。这里需要注意的是表象和内涵，从表面上看是人员分流和机构精简结果的数量变化，其内涵则是解决职能交叉问题，探索出更加合理、更加优化的部门组合，以此解决长期以来政府管理中出现的战略规划不清晰、决策管理不够科学、政令不畅通、部门职责冲突、职能权限设置不合理、监督不到位、行政成本过高、办事效率低等方面的问题。

（2）实施部门统合，合理设置部门职责。

以往设置部门和制定工作职责时，通常依据的是组织的功能需要，以及专门问题和专业问题的不同职能分工，但这种划分过于刚性则不利于发展变化，过于有弹性则不利于具体工作的开展，因此很多区域的边界设置不清，权责模糊混乱。这就容易导致工作开展过程中出现空白区域，需要发挥主观能动性的区域，往往也是出现问题最大的地方。这种划分可能因为认知差异导致模糊和混乱，出现权责不清。通过“大部制”改革，实施部门统合，科学合理地设置不同部门，制定各部门工作职责，能够在提高行政效率的同时降低运行成本。

（3）决策、执行和监督三权分立。

“大部制”改革就是为了分散权力，合理配置职能，实现民主与集中的统一，使决策、执行、监督三种功能专业化配置并相互制约，实现“新三权分立”，强化决策职能，剥离执行职能，保持相对独立，同时监督机制独立，形成决策、执行、监督既相互联系又相互独立地运行，这样“大部制”的效果才能体现出来。

（4）降低运行成本，提高管理效率。

“大部制”改革，就是针对管理机构庞杂、整体性不足、管理体系碎片化情况所造成的部门间信息不能共享、程序难以相容等问题，通过梳理分类管理部门，既能保证全局目标的实现，又可以提升各部门之间的密切配合和流程化运行，从而节约行政资源，提高行政质量，缩短行政时间。

3. 民办高校“大部制”改革的思路

借鉴国际上的成功经验，结合国内民办高校的实际，我们按照“大部制”改革的理念和要求，对高校内部管理体制进行了进一步的完善，探索出以下改革的思路。

（1）明确定位。

明确高校的历史使命和职能定位，确立正确的价值取向。职能的转变和定位是推进“大部制”改革的关键，同样也是高校内部管理体制改革的基础和关键因素。

（2）精简机构。

按照“精简、统一、效能”的原则，实现高校机构精简，权责分明。在机构设置或重组时，按照职能即教学、科研、生产经营、后勤服务、人事组织等系统，而不是与主管部门对口的原则，来建立管理机构和模式。

（3）完善决策体制。

推进科学、民主决策“大部制”的精神要求，把重大决策权集中在组织的最高机构，同时拓宽社会各界参与决策的有效渠道。

（4）下放权力

重构行政组织体系，提高学校管理效能权力下放。提高行政效能是“大部制”的重要特征，也是当前高校内部管理体制改革的目标要求。

4. 民办高校“大部制”改革举措的探索

民办高校要结合自身实际开展“大部制”改革，改革的实质是制度的自我更新和完善，具体来说就是对行政权力的优化分配，因而建立以教师授权的管理模式最为适宜。这种管理模式以构建横向和纵向的立体交叉管理模式为亮点，形成纵向上权力下放、横向上以学院为单位的模式。进一步说就是，权力由高度集中的行政一端逐渐分散给掌握知识和科研能力的一线教师，以激励创新，培养人才的工作热情；横向上以院系为单位，形成行政服务学术的管理体系，平衡学术和行政权力，实现两权和谐共生、相互促进的高校管理模式。

（1）强化战略规划管理。

民办高校的战略规划管理应建立一个完整的体系，包括战略目标设定、整体规划管理、专项规划、战略监督控制规划、资源配置规划等。民办高校的战略规划制订应以学校的使命、发展目标为前瞻，围绕这个中心进行整体的规划模块设计、发展模型构建、纠错监督管理设置、资金与资源匹配的规划等。不论是民办还是公办大学，其办学目标和宗旨均须基于党和国家的教育政策、法规的引导，这是我国高校战略制定的首要因素。“大部制”改革围绕的首要因素应该是高校长期愿景、中期目标及短期计划，形成了学校发展的目标体系。

（2）构建新型管理模式。

裁撤闲散重叠机构，转变为扁平行政管理模式，改变一以贯之的行政机构组织和部门，将其设置为“金字塔”型，塔尖为董事会，以下依次为由院长和副院长构成的校委会、各行政职能部门、各二级学院及主要直属单位的行政管理模式。以此来改变管理机构多层次、交叉重复设置的现状，去除闲散重叠机构，由立体转变为扁平的行政管理模式，为行政机构瘦身，实现“轻管理”的行政管理目标。

学校的中层行政职能部门应做出如下调整：按照“化零为整”的思路，兼并职能相似或职责同质化高的行政部门，按照专业和学科群设置的要求，将专业和学科一致的学院重新划分设置到一起，以便于教学和科研的提升和管理；按工作任务设岗，扩大管理幅度，对各职能部门相关工作岗位的调整随着学校机构调整之后也要随之展开，基本的调整思路是以按工作任务设岗连带竞聘上岗的新管理体制，替换原来以岗定责的工作方式。

（3）协调学术权力和行政权力科学配置。

在“大部制”改革进程中，高校的学术权力和行政权力作为最基础的权力，在学校的日常运行中各司其职，发挥着重要作用，但二者均为高校权力的组成部分，决不能相互替代，或偏废其一，重点是要研究如何使二者独立和谐地发展。

首先，成立委员会，将行政、学术决策权分开设置。在“大部制”改革中，应减少行政层级和行政管理权，扩大学术管理的权力，使二者分开设置，行政和学术权力的独立有利于最大限度地集中优势资源集思广益，确保最优决策。实现学术与行政权力均衡配置的前提是，明确权力归属范围，并对相应的权力给予明确的界定。在明确职能分工的基础上，设立专门的业务委员会，赋予其相应的职权。建议分别设立学科建设、职称评审、教学质量监控、学术、课程建设等专业委员会和学术委员会，以此来推动教学科研工作对口化，让专业的人做专业的事，使行政和学术决策相辅相成，充分实现教授治学、专家治校、科学管理。

其次，成立监督委员会，注重学术权力行使过程中的监督权。民办高校中的行政权力和学术权力分野，随着高校的蓬勃发展日渐显现，二者之间的关系也日益成为学界关注和探索的热点。通常民办高校的行政管理职能是由学校的行政部门完成，但多数管理内容倾向于普遍适应性，没有涉及具体性质的事务。大多数的学校行政管理是非学术性的业务管理，以至于教授、专家的先进思想无法通过咨询、评议、监督等方式得以体现，常常受制于没有优质的平台和渠道实现良性的循环。因此，要对民办高校的行政权力和学术权力进行重新评估和考量，对权与责进行再界定和再划分。

最后，设立独立的监事会，以便发挥民主监督、群策群力、科学决策的功能。可以吸收教师、学生、家长、校友、服务人员等各界代表；在校园里设置专门收集和倾听师生意见、建议的多种信息通道，例如“校长信箱”；在每学期举办“校长接待日”，校委会和学生部门、教学部门、后勤部门的负责人和师生座谈，践行群众路线，深入了解基层，化解各种影响学校教科研发展的矛盾。此举的目的在于形成董事会、校委会相互制衡的监督机制的构建，维持民办高校的社会公益本质。

（4）调整与重构二级管理职权。

调整并重构民办高校的组织结构，设计以实现有效划分管理层次为重点的科学合理的高校组织结构，向下级分散更多权力。校、院二级管理体制更适于激发基层单位主体的积极性和创造性，形成学校长远发展的重大事项由学校一级裁决，教学和科研的建设与发展由院系执掌局面，使院系真正成为学术科研的中心。民办高校的“大部制”改革应践行这种二级管理体制，从而缩减中间管理层，减少管理成本，提高管理效率，使学院在办学过程中获得更多自由和主动性。

经过“大部制”机构改革，最终形成了民主管理、科学决策、体制机制创新、国际化发展的总体思路，同时校级、院级二级管理职权的重组，也使得校企合作和学院的科研教学获得了相当的自主权，行政管理机构也能够更好地服务于教学科研工作、服务于师生。

新型的民办高校讲究工作高效运行，控制人力资源成本，要求行政部门从管理型向服务管理型进行转变，并重视结合本校学科专业特点实现体制的个性化定制发展，多措并举，促进教学单位及职能部门的工作效能提升。为此，在接下来的教学单位及职能部门设计中，应以“前瞻”“节能”“赋能”“协同”“增效”为维度着力进行民办高校的机构体制设计。

高校“大部制”改革迎合了中国民办高校教育现代化的发展潮流，有助于提升民办高校机关行政管理的工作效率，降低管理成本，改善服务意识。改革不仅对现有的行政管理人员产生了激励作用，而且，实行员工的工作任务定量化控制，将绩效评价结果与其职业发展及奖励、行政晋升紧密结合，也充分调动了教职工工作的积极性、主动性和创造性。

5. 民办高校“大部制”机构设置

民办高校“大部制”机构设置须遵循以下原则：

第一，坚持国家有关高等学校设置要求和标准的基本原则；

第二，坚持校院两级管理、管理重心逐步下移的基本原则；

第三，坚持整合人力资源、提高工作效率、提高办学效益的基本原则；

第四，坚持因事设岗、人岗相宜、权责匹配的原则；

第五，坚持分类管理、分层管理、绩效优先的原则。

（1）机构设置。

①教学科研机构。

各学院按照专业或者相近专业设置教学系，主要负责专业建设、课程建设及教学运行等事务。各学院按照自身学科建设需要和科研工作实际，可设置实验教学中心或研究所1—2个，主要职责为统筹本学院实验教学、实验室建设或科研工作等相关事务。研究所设置需明确研究领域及研究方向。

②党政事务管理机构。

各学院可设置学院办公室，主要承担学院的党务、行政、人事、财务、教学、科研、资产以及对外合作等党政综合事务管理。

③其他工作机构。

各学院可根据工作实际需要，自行设置其他内设工作机构。此类机构负责人及工作人员应由本学院教师或其他人员兼任，并由学院党政班子负责选聘，学院内部发文聘任。机构设置及人员聘任方案，报学校组织人事部及相关职能部门备案。承担此部分工作量所需薪酬待遇，由学院自筹解决。

（2）岗位设置。

①教学科研机构负责人岗。

各教学科研机构可设负责人1名，按照教师及专业技术岗位管理，不纳入学校党政管理岗位；学校采用减免部分教学科研工作量的形式，对教学科研机构负责人的工作量予以认定。

②党政事务管理岗。

各学院根据实际工作需要，在学院办公室设置办公室主任岗、教学秘书岗等岗位，承担学院党政综合事务管理。纳入学校管理岗位。

③教师及专业技术人员岗。

按照国家教育部及当地省份有关要求，由组织人事部、教学运行中心与各学院核实。

④思政教师岗。

思政教师岗（辅导员）主要承担学生思想政治教育、学生事务日常管理、共青团工作、招生就业、校友工作等事务。此岗位按照教师及专业技术岗位管理，不纳入学校党政管理岗位，学校将采用适当形式对其工作量予以认定。

⑤分团委书记岗。

学院分团委书记，由学院党政班子根据学校规定的基本聘岗条件，自行确定拟聘人选；学校组织人事部按学校规定的基本聘岗条件对拟聘人员进行审核；通过审核后，由各学院自行发文聘任并在组织部人事部和学生工作部备案。

（3）相关说明。

①岗位等级。

教师及专业技术人员类岗位（含思政教师岗位，Faculty），分为4类，从F1至F4，分别为正高、副高、中级、初级；党政事务管理岗位（Staff），分为4类，从S1至S4，分别为学院党政正职、副职及其他党政事务管理岗位。

②基本条件。

教学科研机构负责人、分团委书记及党政事务管理三级岗基本聘岗条件，按照相关规定执行。

③工作流程。

教学科研机构。由各学院根据统一要求，自行设置并报学校审核备案。审核备案工作由教学运行中心牵头组织。通过学校审核备案后，其负责人由学院党政班子根据学校规定的基本聘岗条件，自行确定拟聘人选；学校组织人事部按学校规定的基本聘岗条件对拟聘人员进行审核；通过审核后，由各学院自行发文聘任并在组织部人事部和教学运行中心备案。

党政事务管理岗。由学院根据统一要求，自行设置并报学校审核备案。审核备案工作由组织人事部牵头组织。通过学校备案后，党政管理三级岗由学院党政班子根据学校规定的基本聘岗条件，自行确定拟聘人选；学校组织人事部按照学校规定的基本聘岗条件对拟聘人员进行审核；通过审核后，由各学院自行发文聘任并在学校组织部人事部和相应职能部门备案。党政管理四级岗由学院自行选聘后报组织人事部备案。

6. 民办高校“大部制”管理实施方案

为深入贯彻落实习近平新时代中国特色社会主义思想，充分发挥学院办学的积极性和创造性，加快建设特色鲜明的应用型高水平民办本科高校步伐，根据《中华人民共和国高等教育法》《中华人民共和国民办教育促进法》等法律法规以及学校的章程，并结合学校实际，特制订民办高校“大部制”改革实施方案。

（1）民办高校二级学院的设立。

实施校院两级管理，设置的二级学院，是以责权利划分为核心，整合优化学校教育教学资源，构建学校和学院两个管理层级。通过学校分权和管理重心下移，优化学校职能部门的管理，明确学院的办学主体地位，形成学校宏观决策、部门协调配合、学院实体运行的管理模式，切实提高办学水平和效益。学院是学校党政领导下的二级管理组织，是学校的管理重心，是教学、科研以及对外合作服务的组织实施单位，对本学院教学、科研、社会服务实行统筹管理，在依法依规的前提下，具有充分的办学和管理自主权。

学校对学院实行目标责任制管理，以考核评估为主要方式管理学院工作，以发展规划和资源配置为主要手段引导学院工作，以监督制约为主要途径规范学院管理权力的使用。

同时，为促进有组织的交叉学科教育教学和科学研究，学校可设立若干独立建制的跨学科教育教学与科学研究机构，享有与学院同等的权利和义务。

（2）管理体制与机构。

学校实行董事会领导下的校长负责制。学校董事会是学校的最高决策机构，学校重大问题依章程由学校董事会集体讨论决定，学校董事会依法参与学校各项管理工作。校长依法依规全面负责学校的人才培养、科学研究、社会服务和其他行政管理工作，加强学校基层党组织建设，充分发挥党组织的政治核心作用。

学校各职能部门代表学校，在党建与思想政治工作、学科建设、教学管理、科学研究、队伍建设、学生管理、对外合作与交流、经费管理等方面制定政策、组织协调、进行监督评估、提供服务保障。

学校校务委员会是学校重大事项的咨询机构。根据党和国家的方针、政策，根据工作需要，校务委员会可对学校发展规划、校园建设、经费预算、人力资源以及师生权益保障等各项工作开展咨询评议，提出咨询和建议。

学校学术委员会是学校学术事务的决策、审议、评定和咨询机构。按照国家教育部《高等学校学术委员会规程》有关要求，并结合学校实际开展相关工作。

学校学位评定委员会（教学指导委员会）是学校学位事务和教学管理的决策与咨询机构，统筹负责学校学位授予工作，包括决定学位授予、制定学位授予标准、审核并指导学位点申报或调整、审定学校人才培养规划、审定人才培养方案、审定课程建设标准、指导教育教学改革、进行专业评估和教学评估等相关事项。

学校咨询委员会是学校管理决策的咨询机构，由校内外具有一定影响的专家学者、管理人员与社会贤达组成，对学校重大决策事项进行咨询与论证。

学校实行校务公开，推进民主管理和监督。对学校改革发展的重大决策、重要规划和实施方案实行通报制度；对干部任免、职称评定、人员评聘等实行公示制度；对涉及职工、学生切身利益的问题实行专项公开制度，并定期公布以上重要事项的办事依据、办事职责、办事条件、办事程序、办事纪律和办事结果。

此外，还可以通过教职工代表大会、校领导接待日、校务公告栏以及校内有关媒体等多种形式，积极推行校务公开。

（3）校院两级主要管理权限和职责。

①发展规划编制与实施。

学校负责事项：制订学校事业发展规划和专项规划，并负责组织实施、监督检查和总结评估；对学院事业发展规划的编制和实施进行指导、审定和监督，对学院规划的执行情况进行检查和评估；制订学校年度工作计划，并据此对学院下达年度目标任务，对学院实行目标管理。

学院负责事项：根据学校的事业发展规划、专项规划和自身实际，制订学院事业发展规划并报学校审定；组织实施学院事业发展规划，自觉接受学校的检查、评估和监督；组织落实学院年度目标任务，接受学校组织的考核评估。

②组织机构设置与调整。

学校负责事项：对学院进行统一规划，决定学院的设置、调整与撤销；设定学院内部行政管理机构控制规模；决定校级跨学科教育教学和科学研究机构的设置、调整与撤销；决定学校职能部门的设置与调整。

学院负责事项：根据具体情况决定设置或撤销学院所属教学、科研机构并报学校批复；在学校设定的控制数量内，决定学院内部行政管理机构的设置。

③人力资源开发与管理。

学校负责事项：制订和组织实施学校队伍建设整体规划，核定全校各类人员的岗位数，规定各类各级岗位的基本职责和任职条件；制定各类人员薪酬分配办法，审批各学院绩效薪酬的分配方案；依法落实国家规定的各类社会保障；制定教职工聘任和考核制度；对学院整体工作和领导班子进行监督检查和考核评估；任免、考核学校职能部门及学院负责人；负责聘任和考核协议工资人员；根据学校相关规定实施对学校教职工的奖惩。

学院负责事项：根据学校队伍建设整体规划及学校确定的岗位数制订和实施本学院队伍建设规划；按照学校规定，选聘学院内部教学科研机构和行政管理机构人选，并报学校批复；制订学院内部聘任和考核的实施细则，并按规定的权限负责本学院教职工的聘任和考核工作；制订学院绩效薪酬分配方案，并报学校审批；对本学院违纪职工提出处分意见，报学校审批或备案。

④计划财务管控与实施。

学校负责事项：制订学校财务发展规划与建设计划；制定学校财经管理政策、财会规章制度；积极筹措办学经费，编制学校财务预决算；按财经政策分配各类办学经费；负责全校各类办学资金的管理和核算，集中管理银行账户和资金，确保资金安全；审核各学院年度财务预算和决算；负责对学院财务管理和经费报销工作进行检查和监督，根据有关规定进行审计。

学院负责事项：学院作为学校的基层预算单位，负责制定学院内部财务管理制度；编制学院年度财务预算并上报学校审核，严格按学校批复的预算及学校财务管理制度使用年度经费；根据学院预算的执行情况，编制学院年度财务决算并进行分析和自我评价；依法多渠道筹措办学资金，并按照有关规定统一管理并审批支配学院的创收分成经费、学院的各项科研经费；自觉接受上级有关部门的监督和审计。

⑤公共资源配置与管理。

学校负责事项：负责图书馆、校园网、公共机房、多媒体教室、多功能教室、电子阅览室等公共资源的建设与管理；负责全校的公共资产管理；负责基础教学实验中心平台、学科重点实验室平台、工程训练实践平台等条件装备的规划、建设与考核；制定仪器、设备等管理制度，并组织实施；负责大型仪器设备开放基金与维护维修基金管理以及实验室改造事务；负责全校实验室与设备数据管理；建立资源共享机制，逐步推进教学、科研等公用房屋的有偿使用，以及大型精密仪器设备和教学科研装备平台的共享服务；开展学校资产清查，建立资产信息库，制定资产配置标准，统筹学校各类资源的调配与处置；对各单位、部门资产使用情况进行全过程监督管理，实行资产绩效评估。

学院负责事项：负责本学院教学仪器设备的日常使用、维修与管理；负责本学院实验室与设备台账管理；据实逐步提高大型精密仪器设备和教学科研装备平台的使用效率；配合学校逐步推进教学、科研等公用房屋的有偿使用与调剂，实现资源共享；制订学院资产管理的实施细则，落实管理责任；管理本学院占有、使用的学校资产，确保资产的安全和完整，提高资产使用效率。

⑥学科专业建设与发展。

学校负责事项：制订学校学科专业建设发展规划和相关规章制度；承担学校学科专业建设的资源配置、组织协调和工作指导等职责；制定学科专业建设评估和考核体系以及相关的奖惩制度；组织、协调学校重点学科专业的申报和校内审核工作。

学院负责事项：制订和组织实施本学院学科专业建设发展规划；统筹协调本学院学科专业资源分配；根据学校有关规定开展本学院学科专业建设的检查、评估工作；统筹本学院重点学科专业和学位授权点的申报、推荐工作。

⑦本科教学运行与管理。

学校负责事项：制定学校教学管理规章制度和教学工作总体要求，对全校范围内的教学工作进行统筹规划和协调管理；制订专业建设规划，调整、优化专业结构，负责组织新申报专业的论证、评审；确立学校人才培养总体目标，指导学院制订人才培养计划、开展课程建设；建立教学质量保障体系，制定全校教学评估标准，组织开展全校性教学评估，实行教学督导制度；组织开展全校优秀教学成果和优秀教师的评选；负责全校教学管理信息系统的建设与管理；负责汇总及遴选申报各级各类教学项目和成果。

学院负责事项：负责本学院教学工作的组织实施与管理；负责本学院学科专业人才培养计划、教学大纲的制订与管理，以及实验室、校内外实习基地建设；组织开展本学院教学改革，对学院各专业的课程安排、理论与实践教学、考试等教学运行过程进行管理和质量监控；在资源共享的原则下，自主管理、科学使用学院各种教学资源。

⑧学生事务管理与服务。

学校负责事项：统一领导全校学生工作，制定学校学生工作的规章制度，对学院的学生工作进行指导、督促和检查；组织开展全校性学生思想教育活动；负责校级及以上各类评奖评优工作，负责学生违纪的处分工作；组织开展全校性的就业指导、学生资助、心理健康及创新创业教育工作；指导、协调学院做好辅导员、班主任的选拔、聘任、培养和考核工作；统筹编制全校招生计划。

学院负责事项：组织开展本学院学生日常教育和思想教育等工作；组织开展本学院学生资助、心理健康、科技文化、社会实践、就业指导及创新创业教育等工作；组织开展本学院学生的评奖评优及推荐工作；根据学校授权，提出记过以上违纪学生的纪律处分意见，决定记过及以下处分；组织实施本学院辅导员、班主任的选拔、聘任、培养和考核工作；根据学校招生计划，合理安排本学院年度招生计划，并报学校审定；做好本学院招生宣传和新生入学工作；负责处理学生工作中的突发事件。

⑨科学研究规划与发展。

学校负责事项：制订学校科研工作的总体发展规划和管理办法，建立和完善学校科研评价体系；协调校级研究机构建设有关工作；组织国家和地方纵向科研项目的申报、中期检查和评估，负责校级科研项目的申报和管理工作；负责科研成果和知识产权管理，推进科研成果转化为现实生产力；组织校级重要学术会议，协调各学院的学术活动。

学院负责事项：根据学校科研工作规划和本学院实际，制订和组织实施学院科研工作规划，完成学校下达的科研任务；建立本学院科研成果的申报、认定机制和相应的奖励办法；统一管理本学院所属的科研机构，组织、指导、协调本学院师生申报各级各类科研项目；负责本学院科研项目实施过程中的指导、协调，并对项目实施过程进行监控；统筹组织院级学术会议和对外学术交流活动。

⑩对外交流与合作。

学校负责事项：制订学校对外交流与合作总体规划和规章制度；开展校际战略合作交流，协调各学院的对外交流与合作工作，为各学院开展对外交流与合作工作搭建平台；做好学校外事管理工作以及学校师生因公出国（境）的派出工作；组织中外合作办学及境外办学项目的申报工作。

学院负责事项：根据学校总体规划和有关政策，制订学院对外交流与合作工作实施方案；独立自主地利用各种条件，组织教师和学生开展对外交流与合作。

除以上规定外，因工作需要，学院还需完成学校安排的其他任务。

（4）学院主要工作制度。

学院实行党政联席会议决策制度。学院党政联席会议由学院院长、党总支书记、副院长、副书记及教职工代表组成，人数不低于5人。党政联席会议主要负责讨论决定人才培养、科学研究、学科建设、人才队伍建设、思政工作、校园安全稳定、校风学风建设和行政管理等方面的重要事项。学院党总支是本单位的政治核心，在校党委的领导下，宣传、执行党和国家的方针、政策及学校各项决定，并为其贯彻落实发挥保证监督作用。

学院学术委员会（学位分委会）是学院学术权力机构，负责本学院人才选拔、教师评聘、专业建设、学科建设、学位授予、成果申报等重大学术事务。

学院需建立、健全监督工作制度。学院必须实行院务公开，加强自我监督与民主管理，保证学校各项政策的落实和学院权力的正确行使。学院的人事安排、考核与奖惩、职称评定、绩效发放等方面的事项均须向全院教职工公开，进行提前公示以征求意见。

（5）监督与考核。

学校成立相应的工作机构，对学院进行综合考核评价。对学院的管理与监督以目标考核为主，建立学院目标任务考核评价指标体系，并逐步完善考核评估方法和量化考核指标体系，全面、客观、公正地对学院工作进行综合考核评价。

对学院的综合考核评价，要坚持绩效导向原则，坚持管办评分离，对学院按学年度实行目标考核，考核结果与学院切身利益挂钩。考核评价结果将作为学院办学资源配置的重要依据。学院要以此目标为前题，建立自我管理、自我约束、自我发展的运行机制。

第三章

民办高校人力资源规划

高校人力资源，即以高等院校为背景，在其中从事教学、辅导学生、进行科研创新的教师职工以及行政人员，是能够推动高校发展的人力的智慧知识技能的中心力量。作为人力资源中的一个特殊的构成部分，相比较其他类型的人力资源，高校的人力资源具有创新性、可增值性、难以替代等特点。一方面，高校中的人力资源都是具备高学历、受过高等教育的知识型人才，在教学科研方面具有知识创新、探索研究的勇气和能力，另一方面，他们能够自我进行知识更新，能力升级，主动探索追求更高层次的科研和知识水平，以适应时代科技发展的速度，走在知识创新发展的时代前沿。从这两个角度来说，高校的人力资源所发挥的作用是难以替代的。

一、民办高校人才引进概述

1. 民办高校人才引进的目的

民办高校人才引进，就是民办高校吸引应聘者并从中选拔、录用民办高校所需人才的过程。人才引进的直接目的就是获得民办高校需要的人，但除了这一目的外，人才引进还有以下潜在目的。

（1）树立学校形象。

民办高校人才引进过程是民办高校代表与应聘者直接接触的过程，在这一过程中，负责人才引进人员的工作能力、人才引进过程中对学校的介绍、散发的资料、面试小组的性别组成、面试的程序，以及引进什么样的人、拒绝什么样的人等，都会成为应聘者评价民办高校的依据。人才引进过程既可能帮助民办高校树立良好形象、吸引更多的应聘者，也可能损害民办高校形象、使应聘者失望。

（2）降低受雇佣者在短期内离开学校的可能性。

民办高校不仅要能把人招来，更要能把人留住。能否留住受雇佣者，既要靠人才引进后对人员的有效培养和管理，也要靠人才引进过程中的有效选拔。那些认可民办高校的价值观，在民办高校中找到自己感兴趣、能够发挥自己能力的岗位的人，在短期内离开民办高校的可能性就比较小些。而这都有赖于民办高校在人才引进过程中对应聘者的准确评价。

（3）履行民办高校的社会义务。

民办高校的社会义务之一，就是提供就业岗位，人才引进正是其履行这一社会义务的过程。

2. 民办高校人才引进的原则

（1）因事择人的原则。

民办高校应依据人力资源计划进行人才引进。因为，无论是多招了人还是招错了人，都会给民办高校带来很大的负面影响，除了人力成本、低效率、犯错误等看得见的损失，由此导致的人浮于事还会在不知不觉中对企业文化造成不良影响，并降低民办高校的整体效率。

（2）公开的原则。

人才引进信息、人才引进方法应公之于众，并且公开进行。这样做一方面可将录用工作置于公开监督之下，以防止不正之风；另一方面可吸引大批的应聘者，从而有利于招到一流人才。

（3）平等竞争的原则。

对所有应聘者应一视同仁，不得人为地制造各种不平等的限制。要通过考核、竞争选拔人才。以严格的标准、科学的方法对候选人进行测评，根据测评结果确定人选，就可以创造一个公平竞争的环境，这样既可以选出真正优秀的人才，又可以激励其他人员积极向上。

（4）用人所长的原则。

在人才引进中，必须考虑有关人选的专长，量才使用，做到“人尽其才”“事得其人”，这对应聘者个人以及学校都是非常重要的。

二、人力资源管理规划思路与措施

人力资源管理工作的总体思路是以民办高校蓬勃发展、增强员工凝聚力及归属感为重点，以改革创新为切入点，完善人事工作及相关规章制度，强化“外引内培”工作，全面推进以深化内涵管理促发展工作，进一步解决民办高校发展进程中教师队伍所凸显的人事问题。

人力资源管理工作的重点，是要做好人才引进与培育工作。按计划招聘引进教师，积极从多地、多院校、多渠道招聘专业人才，严把用人关，切实使招聘到用人达到最高的人岗匹配度，同时，要进一步规范外聘教师聘用及管理工作。人才进入学校后，要按学校的相关要求及规章制度进行培养与提升。

1. 优秀人才引进计划

（1）申报时间。

每年开展一次“引进计划”申报遴选工作。人才引进的申报遴选时间为每年的 3—4 月。每年开展一次“引进计划”考核评估工作；根据实际情况，考核评估分为学年度考核和聘期考核。

（2）遴选对象。

凡与学校签订劳动合同、在学校购买社保并缴纳个人所得税、尚未办理退休手续并全职在学校工作一年以内的教职工，能够达到申报条件并能达成目标任务的，均可申报相应的“引进计划”项目。

（3）申报条件。

“引进计划”项目申报基本条件如下：遵守宪法、法律和高等学校教师职业道德，为人师表；热爱高等教育事业，具有从事高等教育的经历；能够遵守学校规章制度，执行教学计划，履行教师聘约，完成教育教学及科研工作任务；能够承担一定的校内外公共服务任务；善于学习，能够不断提高思想政治觉悟以及教学科研和管理工作水平；无违纪违法事项；身体健康。

（4）申报遴选流程。

申报遴选的主要流程为：个人申报、资格审查、申报答辩与专家评审、学校审核、公示及聘任。

①个人申报。凡满足申报条件的人员，均可自愿申报。

②资格审查。通过学院初审的申报人员，二级学院须对申报人员提供的前述 7 项申报材料进行原件初审，符合条件的，统一提交

学校组织人事部审查。学校组织人事部根据申报条件，对申报人员进行汇总审查。通过资格审查的人员，进入申报答辩环节。

③申报答辩与专家评审。由学校统一组织答辩，答辩内容主要包括：本人基本情况、主要学术成果介绍、工作计划及计划目标。然后，专家组根据申报人员的申报条件和申报答辩情况择优进行推荐。专家组推荐意见将作为学校最终遴选意见的重要参考，因此务必公正、客观、准确地对申报人做出评价。

④学校审核。学校校长办公会综合个人申报条件及专家组推荐意见，集体研究提出拟入选人选并进行公示。

⑤公示及聘任。拟入选人选在公示通过后，与学校签订聘任协议及目标任务书，完成聘任手续，从下一学年度起执行。通过遴选进入“引进计划”的人员，须与学校签订目标任务书，接受学校学年度考核和聘期考核。经聘期考核，未完成目标任务的，取消聘任资格。“引进计划”聘期考核结果，在全校范围内予以公布。

2. 优秀人才支持计划

（1）遴选时间。

每年开展一次“支持计划”申报遴选工作；申报遴选时间为每年的 3—4 月。每年开展一次“支持计划”考核评估工作；根据实际情况，考核评估分为学年度考核和聘期考核。

（2）遴选对象。

凡与学校签订劳动合同、在学校购买社保并缴纳个人所得税、尚未办理退休手续并全职在学校工作满三年的教职工，能够达到申报条件并能达成目标任务的，均可申报相应的“支持计划”项目。遴选工作应向教育教学与科学研究一线教师倾斜。

（3）申报条件。

“支持计划”项目申报基本条件如下：遵守宪法、法律和高等学校教师职业道德，为人师表；热爱高等教育事业，具有从事高等教育的经历；能够遵守学校规章制度，执行教学计划，履行教师聘约，完成教育教学及科研工作任务；能够承担一定的校内外公共服务任务；善于学习，能够不断提高思想政治觉悟以及教学科研和管理工作水平；历年考核均为合格及以上等级；无违纪违法事项；身体健康。

（4）申报遴选流程。

申报遴选的主要流程为：个人申报、资格审查、申报答辩与专家评审、学校审核、公示及聘任。

①个人申报。凡满足申报条件的人员，均可自愿申报。

②资格审查。通过学院初审的申报人员，二级学院须对申报人员提供的前述 7 项申报材料进行原件初审，通过后统一提交学校组织人事部审查。学校组织人事部根据申报条件，对申报人员进行汇总审查。通过资格审查的人员，进入申报答辩环节。

③申报答辩与专家评审。由学校统一组织答辩，答辩内容主要包括：本人基本情况、主要学术成果介绍、工作计划及计划目标。

然后，专家组根据申报人员的申报条件和申报答辩情况择优进行推荐。专家组推荐意见将作为学校最终遴选意见的重要参考，因此务必公正、客观、准确对申报人做出评价。

④学校审核。学校校长办公会综合个人申报条件及专家组推荐意见，集体研究提出拟入选人选并进行公示。

⑤公示及聘任。拟入选人选在公示通过后，与学校签订聘任协议及目标任务书，完成聘任手续，从下一学年度起执行。通过遴选进入“支持计划”的人员，须与学校签订目标任务书，接受学校学年度考核和聘期考核。经聘期考核，未完成目标任务的，取消聘任资格。“支持计划”聘期考核结果，在全校范围内予以公布。

3. 人才培养

（1）加强培训工作。

民办高校要进一步推进教职工培训工作，提升员工专业素养及业务水平，推动学习型组织建立，制定培训制度及完善培训体系，使培训常态化、制度化。

一是加强学校中层以上管理人员培训。采取内训课、外送学习、专家讲座等形式，对学校中层干部进行培训。课程内容的针对性要强，并且要加强培训后的跟进工作，如进行培训后的评估总结，将学习培训纳入干部的考核指标。

二是利用教学座谈会等形式，对管理理念进行引导，对管理技巧进行探讨和分享，聘请教学督导指导各部门开展起部门的日常管理和培训工作。

三是对学校优秀员工及资深员工作为储备干部进行训练，除对日常工作指导外，还应协助其进行个人职业生涯规划，使其更好更快地融入主动成长的氛围之中。

四是新员工岗前培训。对于新入职的员工，要利用一周时间将公共知识部分全部培训到位，让新员工在上岗前充分了解校情。如表 3–1 所示。

表 3–1　新员工入职校情介绍安排

周期	培训内容	目的	授课老师
第一天	学校的历史、文化理念	了解集团历史	待定
第二天	民办教育简况和未来发展趋势	了解民办教育	待定
第三天	学校各项制度介绍	了解工作流程	待定
第四天	教师仪表、师德培训	提高服务水平	待定

五是加强在岗人员培训。首先是在职教师队伍内训工作，积极开展“四个一”活动，即每位教师每学期研读一本教育理论专著；每月研读一本业务杂志；每月上交一篇教学心得；每学期做一次专题演讲，以进一步打好理论基础，强化教师的科研意识。其次，每学期至少开展三次教学常规和课程理论的专题辅导研讨，促进教师积极开展教育教学探索。再次，每学期对教师进行思想政治教育、职业道德培

训和法制教育。最后是行政教辅人员内训工作，如公文写作、文件转呈、工作流程、制度执行、个人仪容仪表等方面的培训。

六是管理层培训。每季度开展一期培训，每期确定一个培训专题，并观看一次视频，在培训后进行内部讨论交流，运用到实践工作中去，切实提升学校整体管理水平；每一至两个月外请专家到校做一次讲座；每月派出相关干部到高层次大学学习管理课程。

七是团队文化建设培训。培训方式包括户外拓展训练、外请讲师培训、外出学习交流、校内视频学习、管理层公开课（即每一至三个月推选出一名讲师，轮流公开授课一次，结合人力资源部确定培训主题）等。

八是从学校中层领导干部队伍中培养一批内训师。

（2）制订人才培养梯队方案。

一是学校以系部、级组、行政处室为单位，制订人才培养与晋升规划。如表 3–2 所示。

表 3–2　人才培养与晋升规划

第一梯队	第二梯队	第三梯队
储备领导	中层骨干	储备精英
经验丰富，业务精湛，已担任过相关职务，能独当一面	表现出一定的管理能力，有较强的成就动机，希望个人与学校共成长	综合素质好，培养潜力大，可塑性强，有较强的积极主动性和进取心
现任副职（助理）	现任低一级别干部（可跨部门挑选）	应届毕业生或普通职员

二是员工职业生涯规划与设计。员工要根据自身的特定条件，基于管理线和专业线两条线，找准自身发展定位和方向。人事部可依此进行资源规划和开发。

三是重视卓越领导人才和教学名师的培养。

四是逐步推行每位员工每年至少接受30课时（约5天）与本职工作岗位相应或相关的培训。

4. 文化建设

应以教育集团战略为基点，建设富有民办高校教育特色的企业文化。一是对院校职工发放调查问卷，然后通过问卷需求情况，给予不同的人学习和成长的机会；二是相关部门要组织好教工文体活动，增加演讲活动、亲子活动、歌唱比赛等，结合学校员工年龄结构特点，成立“青联会”，充分发挥青联会和工会在学校管理中的积极作用；三是增强学校的凝聚力和向心力，抓典范教育，树典型榜样，营造富有本校特色的人文文化氛围；四是筹备成立教育集团教师代表会，共谋学校发展大计。

三、构建管理育人体系

要积极推进依法治校，完善管理育人的制度体系。在人才引进方面，严格按照人才引进的要求，把好关口，把政治标准放在人才引进的首位，严格把握教师条件，认真做好教师资格认定工作。在职业道德规范方面，认真贯彻《公民道德建设实施纲要》和相关的高等学校教师职业道德规范，制定科学的师德评价办法和标准，以及合理的教师考核评价体系，把师德规范融入人才引进、课题申报、职称评聘等考核环节，实施师德“一票否决”制。具体来说，主要有以下几个方面的措施。

1. 深化改革用人机制

作为民办高校，首先要做的就是按需设岗、梳理各岗位的育人元素，编制岗位说明书，初步形成择优聘用、合同管理的用人机制。学校要采取灵活措施促进人才资源的合理流动和有效配置，下放专业技术岗位聘用和津贴分配权至系，实现人事分配管理下移。试行校院绩效考核，量化院系目标责任，形成自我激励、自我约束机制，并以此为切入点，积极探索科学、有效、可行的教职工考核办法和指标体系。

学校要为实现创建教学型学院、实现高素质应用型人才培养目标，适应未来教学、科研发展趋势的需要，改革基层学术组织，初步形成学科带头人、专业建设负责人等制度；制定和营造有利于优秀拔尖人才脱颖而出的体制、机制与环境，凸显出二级学院办学实体地位；制定培养和引进高层次教学人才的政策、待遇环境，形成激励、约束、竞争、评价的有效机制，进一步完善教师考评体系。

2. 完善教师考核评价制度

从民办高校自身发展阶段和办学特色出发，坚持全面考核与突出重点相结合，全面考核教师的师德师风、教育教学、科学研究、社会服务、专业发展等内容。坚持分类指导与分层次考核评价相结合，分类、分层次、分学科设置考核内容和考核方式，健全教师分类管理和评价办法。坚持发展性评价与奖惩性评价相结合，充分发挥发展性评价对于教师专业发展的导向引领作用，合理发挥奖惩性评价的激励约束作用，形成推动教师和学院共同发展的有效机制。

人力资源部门要从学校实际情况出发，运用新的教育评价理念，坚持以师德为先、教学为要、科研为基、发展为本为基本要求，坚持社会主义办学方向，坚持德才兼备，注重凭能力、实绩和贡献评价教师，克服唯学历、唯职称、唯论文等倾向，切实提高师德水平和业务能力，努力建设一支有理想信念、有道德情操、有扎实学识、有仁爱之心的让党和人民满意的高素质专业化教师队伍。

3. 优化教师队伍建设

（1）师德是教师最重要的素质，是教师之灵魂。

民办高校教师除了要具备较高的思想政治素质外，还必须具备较好的职业道德素质。学校要定期组织教师进行师德师风的学习，使教师深刻地认识到教师队伍素质的高低直接关系到教育事业的成败，学高为师，德高为范。师德是教师最重要的素质，加强师德建设是教师队伍建设最为重要的内容，教师的一言一行、一举一动无时无刻不在潜移默化地影响着学生。因此，民办高校要成立师德建设工作领导小组，制订师德评价方案，进行分工，明确职责，并通过各种形式传达上级主管部门关于师德师风建设的会议内容和文件内容。

（2）落实师资培养计划，创新人才模式，加强专业、核心课程建设负责人培养。

民办高校要建立专业建设负责人和核心课程建设负责人制度，强化负责人教育教学管理理论的学习与应用，有计划地安排相关人员参加教学管理培训和全国性专业、课程研讨会。支持专业负责人和课程负责人积极参与到省级以上专业指导委员会、课程指导委员会、专业学术委员会及相关行业协会等专业机构的工作中。

（3）推进教师队伍水平整体升级，强化教师知识更新培训。

民办高校要加强对新进教师以教育学、教育心理学、教学科研方法、高教法规、教师职业道德修养和校史校情及学院发展战略为主要内容的岗前培训，根据各学科的发展需求和教师自身发展需要，建立教师职业生涯发展体系，构建学位教育、技能培训、高层次研究等多位一体的培训制度。完善指导青年教师的“导师制”，充分发挥老教师的传帮带作用，对中青年教师职业生涯的不同阶段予以早规划、早指导、早培养。支持教师报考硕士、博士研究生，积极协助教师职称晋级申报、职业能力认证等。

人力资源部门在加强教师队伍建设方面，要针对所有教师，完善教师评聘和考核机制，在教学评价、职务（职称）评聘、评优奖励中，把思想政治表现和育人功能发挥作为首要指标。健全制度，加强教师队伍管理，严把教师聘用、人才引进政治考核关，加强经费使用管理，确保教育经费投入的育人导向，把育人功能发挥纳入管理岗位考核评价范围之中。

四、民办高校人才资源管理的不足与改进策略

1. 民办高校人才资源管理的不足

（1）人文关怀机制缺失。

一个高等院校的人文关怀工作是否到位，直接影响着整个学校

的文化氛围，教师职工、学生工作人员的工作学习态度，不同教研室、科技战略团队的凝聚力，等等，因此民办高校的人力资源管理工作在其中发挥着至关重要的作用。而往往很多时候，相当一部分院校只重视学校的经济效益、教育质量和校区发展等方面，忽略了人力资源管理的人文关怀。由于学校机构繁杂，人员众多，每个人的需求都各不相同，如果缺乏完备的人文关怀管理制度，加之教师的教学科研任务过于繁重，就会影响到其个人的家庭生活，同时绩效奖励考核机制又没有及时跟进，长期下来，教师的工作热情会大打折扣，甚至会选择离职、跳槽等方式，从而导致了民办高校人才流失严重的现象。另一方面，由于人文关怀的缺失，未顾及不同团队、部门之间的工作需求，不同科研团队、教师小组之间为了有限的资源而产生恶意竞争、相互打压、蓄意构陷等现象，这些都会大大地阻碍民办高校教育科研工作的发展。

（2）资源分布结构不够完善。

教师职工资源是高等院校当中的核心资源，他们的水平直接体现了其就职院校的水平的高低，因此如何完善资源分布结构，留住这些人才，同时注重人才文化素养的提升，是十分值得关注的领域。有很多院校都存在资源分布不平衡的问题，对于有经验、资历高的教师，以及重点关注的教研室等往往有资源倾斜的现象，而忽略了刚刚起步、发展潜力很大的青年教师和科研部门，使得他们缺乏学习和提升自身能力的机会，缺乏锻炼，长此以往，其难免心生抱怨，工作态度消极，在相应的科研工作任务中不能发挥积极性的作用，不利于科研团队的团结，也严重阻碍到学校工作的开展。

2. 民办高校人才资源管理的改进策略

结合以上存在的民办高校人力资源管理的缺陷，我们在这里提出以下改进策略。

（1）弥补人文关怀。

从员工一入职开始，就要对其性格能力、教学背景、家庭情况等进行充分的了解，顾及其家庭生活的需求，为其安排合适的工作岗位，使其在学校里有一个轻松、愉快、自由、独立的工作氛围，充分发挥其聪明才智，提升其工作绩效，也有利于学校工作的进展。同时，也要考虑到不同部门、团队之间的差异化，为其安排适当的工作量，这样既能保证教学科研工作顺利高效地完成，也能充分发挥团队的协作精神，增强其凝聚力。

（2）合理分配资源。

合理均衡地分配资源不仅是科学性地建设校园的前提，也有利于学校职工人员之间的团结，促进团队凝聚力和战斗力的提升，以及学校综合素质的整体提升。院校应该顾及不同阶段的职工人员，以及不同部门之间的需求的差异性，合理地分配资源，比如为青年教师提供更多有保障的福利，以有效解决青年教师课时较少、教学工资较低、生活压力较大的问题，并且从科研经费、安家费、研究启动费等多个方面进行扶持帮助，或者为其提供相应的科技知识的培训进修等，促进其科研专业能力的提升，为他们以后能够有更好的工作发挥奠定基础。

五、创新性人才引进与管理

民办高校是社会人才汇集之处，同时也是科研基地和培养高等创新型人才的地方。其人力资源管理的目标和重点，就是综合管理高校人才资源，提升其综合素质水平，从而促进高校人才资源的高效性开发，促进教育创新及科研各方面综合实力的增强。想要达成这一目标，就要注重创新性人才的培养和引进。社会发展需要创新，高校教育也离不开创新人才的推动和帮助，因此，加强民办高校的人才资源管理，对其朝着知识型、高端型方向发展有着必要性意义，同时也对高校培养社会人才，传播知识文化，进而为国家贡献综合能力人才方面有着重要的作用。

科技兴则国兴，人才旺则国旺。随着社会的发展和资源竞争的短缺，高校人力资源已经成为推动社会生产发展的核心动力。党的十九大报告强调了“人才是实现民族振兴、赢得国际竞争主动权的战略资源”。高校是社会人才聚集、培养优秀创新人才的重要场所，在如今越来越强调精英高等教育的时代，高校不再仅仅是以往传统意义上的教育机构，也担负着科教兴国和人才强国的责任，因而促进高校人力资源管理的创新发展，其意义非比寻常。为了更好地发挥高等院校培养精英、发展科研、传承文化知识的作用，高校需要加强创新性人才的引进工作，在与校内人才培养相结合的基础上，为高校的发展注入新的活力和动力，推进高校人才资源结构的转型升级。

1. 创新性人才的概念

简单地说，创新性人才就是有着创新思维、创新能力以及创新精神的人才，他们一般都富有冒险精神、旺盛的探索欲望、创新的思维模式，并具备高超的可以将假想付诸行动，转换为现实的创新能力。他们接受新信息、消化新技术的能力很高，能够高效地应对新环境、新课题所带来的挑战，迅速地进入工作状态。创新性人才是能动的、创造性的、可再生的、增值性的，是其他人力资源难以替代的人力资本，一般都接受过高等教育，具有高学历、高文化水平、高能力的特征，能够为民办高校工作的开展带来创新性、突破性的前进动力，使学校更具资源竞争力。

2. 民办高校创新性人才引进存在的缺陷

（1）创新性人才引进来源太过片面。

目前很多民办高校引进创新性人才，主要倾向于国内名校的人群，而对一般大学的具有创造力的人才和国外名校的人才则不太关注，一方面是因为他们认为面向海外引进人才的战线拉得过长，时间和空间上投入的物力人力资源过多，另一方面是因为其引进人才的标准太过局限，以名校为门槛，可能会错失很多有真正实力的创新性人才。此外，很多民办高校发布招聘信息一般都是在本校的网站上，然后采用本校举行的面试等形式来对专业人才进行筛选，这些信息所接触的人群范围十分有限，往往是对本校感兴趣的人才会关注，而那些不怎么浏览网页信息的人群可能会就此错过。

（2）创新性人才引进标准不够客观。

很多民办高校可能是由于当时的工作需要，才会临时在本校网站上发布招聘人才的公告，由于缺乏前期工作的科学规划，需要哪种类型的创新性人才、需要的数量是多少等诸如此类的问题都没有经过详细思量，而负责招聘人才的相关部门并不了解其他专业的硬性需求，所以无法对前来应聘的人进行专业上的筛选。这种做法，就是在创新性人才引进的标准上不够客观，只是盲目地设置标准，以名校、学历、科研成果等作为考察标准，而往往忽略了对其工作态度、心理素质、团队协作能力等方面的考核。

3. 高校创新性人才引进的建议

（1）丰富创新性人才的引进渠道。

高校在确定创新性人才引进计划之前，应充分了解校内具体到哪些教研室、哪些工作岗位有空缺，然后有计划地进行需求招聘，避免盲目泛滥。应联合电视媒体、广播电台、互联网平台，充分运用数字媒体的力量，在国内外各大校园网站首页上公布招聘信息。在充分调研的基础上，也可以面向那些专业相同、表现卓越的普通院校进行招聘，这样做一方面可以扩大招聘覆盖的范围，另一方面也能够做到公开、透明、公正。

（2）建立多元化创新性人才引进的评价标准。

在对创新性引进人才进行筛选时，应从缺额岗位的部门调取本专业的人员来作为评委参与评定评判，在选拔人才的时候给出专业性的参考意见，以避免由于非专业部门人员主导设定筛选标准所产生的一些失误。同时，在对应聘人员进行测试时，除了专业能力的测试包括创新能力、求职动机、相关从业经验等以外，还要加重对其心理素质、精神面貌、工作态度、团队协作能力等方面的考察，坚决杜绝从前轻团队重个人、轻态度重业绩的现象的出现。

综上所述，为了更好地发挥民办高校人力资源的作用，加强高校人力资源管理是十分有必要的。首先，为了提升民办高校培养社会高等人才的能力，提高民办高校创新发展的综合素质，需要建立科学合理的人力资源管理制度；其次，在当今科技创新日新月异的时代，对于创新人才的引进也是十分必要的，一所高校创新能力的高低，反映了一个学校的文化底蕴和综合实力。唯有将科学管理人力资源与引进创新性人才相结合，才能使民办高校在竞争激烈的社会中立于不败之地，才能更好地适应时代发展的要求。

六、加强培训工作

1. 新教职工入职初训

（1）首先要根据工作需要完善教师岗前培训，其次是开展新教职工培训，以增强新入职员工对学院的了解及认同感。新教职工入职初训内容，如表 3–3 所示。

表 3–3　新教职工入职初训内容

时间		内容
第一天	上午	学校概况及工作要求
		优秀大学教师师德建设
	下午	教师礼仪
第二天	上午	人事、财务相关管理办法解读
		教学工作规范
	下午	如何上好一堂课
		上好一课堂的经验分享
第三天	上午	科研工作
		青年教师科研工作经验分享
	下午	新校区观光活动

（2）协同支持学生处选派辅导员参加暑期辅导员能力提升培训、邀请专家举办辅导员赋能提升研讨会等工作。

（3）高校管理干部领导力培训工作，采取“请进来走出去”的模式，加强管理干部的系统性外出学习交流。一方面到兄弟院校考察，另一方面组织相关的中层干部开展提升研修班，使其开阔视野的同时，促进自我主动学习、主动思考、主动提升。

（4）切实帮助青年教师提高教育教学水平，积极与各二级单位合作，推荐青年骨干教师参加全国各类高校骨干教师培训。

2. 培训管理流程

（1）培训需求分析流程，如表 3–4 所示。

表 3–4　培训需求分析流程

任务名称	作业流程说明	所需表单
各部门负责人提出培训需求	各部门负责人根据学校发展战略、本部门业务规划、人员职业发展规划等，识别员工实际业绩与学校要求的差距，提出培训需求	培训需求申请表
人力资源部汇总各部门培训需求	人力资源部收集、汇总各相关部门员工的各类培训需求，进行培训需求的整理和分类，掌握培训需求内容、培训对象和人数等	培训需求汇总表

续表

任务名称	作业流程说明	所需表单
人力资源部对培训需求进行调查分析	运用问卷调查、访谈法、绩效考核法等调查方法，对有培训需求的岗位和部门进行调查，确认培训的必要性	培训需求调查表
人力资源部确认部门培训需求	通过对学校战略层次、部门组织层次和员工个人层次的培训需求进行调查分析，确认培训内容、方式、受训对象、目标等	……
人力资源部撰写培训需求分析报告	培训需求分析报告包含的主要内容有：培训需求产生的背景、培训需求分析的目标和性质、培训需求分析方法和实施过程、培训需求分析结果等	培训需求分析报告

培训计划制订流程，如表 3–5 所示。

表 3–5 培训计划制订流程

任务名称	作业流程说明	所需表单
分析确定培训需求	人力资源部进行培训需求调查分析，结合各相关部门的实际工作需要，确定是否需要培训，以及培训哪些内容等	培训需求分析报告
确定培训目标	人力资源部根据各相关部门提供的信息，结合培训需求分析结果，确定具体的培训目标，报学校领导审批	……
规划培训内容	人力资源部根据各类培训需求规划具体的培训内容，并按照不同层级教职工的需求分别设置相应的培训课程	培训课程表
编制培训预算	人力资源部根据学校实际情况及上年度培训费用支出情况，结合培训具体项目及内容，初步核算培训预算	培训预算表

续表

任务名称	作业流程说明	所需表单
制订培训计划	培训计划应包含的主要内容有：培训目标、培训内容、培训时间、培训地点、培训方式、培训讲师及受训者的选择等	培训计划

（2）员工培训管理流程，如表3–6所示。

表3–6　员工培训管理流程

任务名称	作业流程说明	所需表单
制订培训项目实施计划	人力资源部根据具体的培训项目制订特定的实施计划，包括培训课程的教学步骤、培训目标、培训内容及具体问题的处理方案	培训项目实施计划表
设置培训课程及内容	明确课程的目标，即需要达到的效果和具体解决的问题；培训内容应紧紧围绕培训需求设置	培训课程表
确定培训时间及地点	选定的培训时间应以不影响教职工正常工作为前提（脱产培训除外），场所的选择应能够容纳全部学员并备有相关配套设施	培训日程安排表
选择培训讲师	视具体的培训项目选择学校内部培训师或外部第三方培训机构，选择外部培训讲师时应优先考虑资历深厚、熟悉高校业务的讲师	……
组织安排学员参加培训	将培训时间、地点等相关信息及时通知学员，确保每位受训学员按时参加培训，并准时发放培训资料、教材等	学员签到表

续表

任务名称	作业流程说明	所需表单
培训现场记录及纪律管理	督促受训学员遵守培训纪律，主动配合培训讲师营造良好的培训氛围，并做好培训现场记录	培训过程观察表 学员表现记录表
培训考核及评估	对受训学员进行培训考核，并对培训课程、师资、时间、环境、组织管理等方面进行评估	学员培训考核表 培训评估表

3. 培训管理表单

（1）培训调查意见表，如表 3–7 所示。

表 3–7　培训调查意见表

1. 基本情况					
姓名		性别		年龄	
部门		职务		填表时间	
2. 对以往培训的感知（可复选）					
（1）以往培训的方式	□课堂讲授 □小组讨论 □角色扮演 □游戏训练 □案例分析				
（2）以往参加培训的原因	□自己要求 □领导指派 □学校要求 □自费学习				
（3）培训后工作能力、绩效提升是否明显	□明显提升 □稍有提升 □效果一般 □不清楚				

续表

<table>
<tr><td>（4）以往的培训是否与个人绩效考核相联系</td><td colspan="2">□全部是 □部分是 □很少 □从来没有</td></tr>
<tr><td colspan="3">3. 目前工作中遇到的困难与挑战（与职务要求相比，您还欠缺哪方面的知识及技能，需要借助哪些培训来提高自己）</td></tr>
<tr><td colspan="3">4. 职业生涯规划（目标可以是掌握某种技能、承担某种责任、担任某种职务、达到多少年收入等）</td></tr>
<tr><td>近期目标：</td><td>中期目标：</td><td>长期目标：</td></tr>
<tr><td colspan="3">5. 您对哪种培训方式感兴趣</td></tr>
<tr><td>内部培训</td><td colspan="2">□课堂讲授 □小组讨论 □案例分析 □角色扮演 □会议 □其他</td></tr>
<tr><td>外部培训</td><td colspan="2">□专业机构培训 □去其他单位交流 □院校合作 □全脱产学习 □其他</td></tr>
<tr><td colspan="3">6. 对未来培训的建议和想法（可多选）</td></tr>
<tr><td>（1）您最喜欢、最有效、最理想的培训方式排序是</td><td colspan="2">□课堂讲授 □小组讨论 □角色扮演 □头脑风暴 □户外拓展训练 □军事训练 □案例分析 □游戏训练</td></tr>
<tr><td>（2）您能接受的时间是</td><td colspan="2">□上班时间 □休息日 □下班后 □无所谓</td></tr>
<tr><td>（3）您最想要接受的培训课排序为</td><td colspan="2">□专业技术知识 □沟通技巧 □授课技巧 □管理技能</td></tr>
<tr><td>（4）您认为合适的培训频率是</td><td colspan="2">□每月一次 □每两月一次 □每季度一次 □每半年一次</td></tr>
<tr><td colspan="3">（5）未列出，但有必要写明的内容</td></tr>
<tr><td colspan="3">（6）目前您急需参加的其他培训（例如学历教育、计算机操作技能、英语等，至少列出两项）</td></tr>
</table>

续表

(7)您迫切希望提高的技能和掌握的知识(至少列出两项)

填写说明:1. 请按照实际情况填写此表;2. 请于____月____日之前,以部门为单位交到人力资源部,以便安排____年培训计划。

(2)培训需求调查表,如表 3-8、3-9 所示。

表 3-8 培训需求调查表(一)

<table>
<tr><td>姓名</td><td></td><td>所属部门</td><td></td><td>职位</td><td></td></tr>
<tr><td colspan="6">1. 未来 1—3 年的职业发展目标</td></tr>
<tr><td colspan="6">2. 当前工作中遇到的主要问题</td></tr>
<tr><td colspan="6">3. 结合工作需要与自身职业发展规划,希望学校举办哪些培训</td></tr>
<tr><td>培训项目</td><td colspan="2">培训内容</td><td>期望的培训时间</td><td colspan="2">期望的培训方式</td></tr>
<tr><td>管理能力提升</td><td colspan="2">目标管理</td><td></td><td colspan="2"></td></tr>
<tr><td></td><td colspan="2">有效授权管理艺术</td><td></td><td colspan="2"></td></tr>
<tr><td></td><td colspan="2">激励管理</td><td></td><td colspan="2"></td></tr>
<tr><td></td><td colspan="2">沟通与协调管理</td><td></td><td colspan="2"></td></tr>
<tr><td></td><td colspan="2">……</td><td></td><td colspan="2"></td></tr>
<tr><td>业务知识培训(根据教职工所在的岗位灵活选择)</td><td colspan="2">教材教法培训</td><td></td><td colspan="2"></td></tr>
<tr><td></td><td colspan="2">教研能力培训</td><td></td><td colspan="2"></td></tr>
</table>

续表

	新教师入门培训		
	青年教师培训		
	素质教育培训		
	骨干教师风格培训		
	工作分析与评估		
	……		

表 3–9　员工培训需求调查表（二）

<table>
<tr><td>姓名</td><td></td><td>部门</td><td></td><td>职务</td><td></td></tr>
<tr><td>学历</td><td></td><td>工龄</td><td></td><td>填表日期</td><td></td></tr>
<tr><td colspan="6">1. 您希望学校提供下列哪些培训项目，并按照您的需要程度列出先后顺序
____
A. 知识概念类培训　　　B. 技术提升类培训
C. 问题解决类培训　　　D. 理念更新类培训</td></tr>
<tr><td colspan="6">2. 如果您刚进入一所高校，您最想了解该学校的哪些情况（可多选）
□学校发展概况 □主要院系及专业结构 □所在岗位职责说明
□学校规章制度 □薪酬福利规定 □晋升机制 □其他（请填写________）</td></tr>
<tr><td colspan="6">3. 您认为影响培训效果的最主要因素是什么（单选）
□培训讲师的水平 □培训内容设置的合理性 □培训时间长短
□培训形式的选择</td></tr>
<tr><td colspan="6">4. 您认为一次培训课的最佳时间为多久（单选）
□半小时 □ 1 小时 □ 1.5 小时 □ 2 小时 □ 2 小时以上</td></tr>
<tr><td colspan="6">5. 您认为一期培训时间应持续多久最为合适（单选）
□ 1 天 □ 2 天 □ 3 天 □一周 □一周以上</td></tr>
<tr><td colspan="6">6. 您认为培训地点安排在哪里比较合适（单选）
□学校内部 □宾馆 □度假村 □其他高校</td></tr>
</table>

续表

7. 您认为培训讲师来自哪里比较合适（单选） □学校内部 □经验丰富的专业人员 □外部专业培训机构 □其他高校
8. 您认为学校开展的各项培训是否应与考核、晋升挂钩（单选） □是 □否 □无所谓
9. 在工作中，您觉得哪些技能或知识最重要，而自己最需要提升哪些知识或技能 （1）对工作最重要的知识或技能________________ （2）自己最需要提升的知识或技能________________
10. 在下期的培训中您最想接受的培训是什么，或者您对学校的培训工作有何建议或意见

（3）员工培训申请表，如表 3–10 所示。

表 3–10　员工培训申请表

申请人姓名		所属部门		所在岗位	
申请培训项目		直接上级		入职日期	
申请原因					
培训项目名称	培训内容	期望的培训方式		期望的培训时间	
部门负责人审核	签字： 日期： 年 月 日				
人力资源部审核	签字： 日期： 年 月 日				

（4）外派培训申请表，如表 3–11 所示。

表 3–11 外派培训申请表

部门：

<table>
<tr><td>申请人姓名</td><td></td><td>职务</td><td></td><td>年龄</td><td></td><td>性别</td><td></td></tr>
<tr><td>学历</td><td></td><td colspan="2">培训课程</td><td></td><td colspan="2">培训经费预算</td><td></td></tr>
<tr><td>培训起止时间</td><td colspan="7"></td></tr>
<tr><td>申请理由</td><td colspan="7">申请人签字：
年 月 日</td></tr>
<tr><td>培训项目要求</td><td colspan="7"></td></tr>
<tr><td>自我评价</td><td colspan="7"></td></tr>
<tr><td>部门负责人意见</td><td colspan="7">签名：
年 月 日</td></tr>
<tr><td>人力资源部意见</td><td colspan="7">签名：
年 月 日</td></tr>
<tr><td>学校领导意见</td><td colspan="7">签名：
年 月 日</td></tr>
</table>

（5）培训需求登记表，如表 3–12 所示。

表 3–12 培训需求登记表

姓名		性别		年龄	
职位		学历		入职时间	
本岗位应具备的知识和技能					
培训目的	培训主要内容	期望的培训方式	备注		
			□ 与岗位所需技能相关 □ 与岗位将来需求相关 □ 与个人职业生涯规划相关		
			□ 与岗位所需技能相关 □ 与岗位将来需求相关 □ 与个人职业生涯规划相关		
			□ 与岗位所需技能相关 □ 与岗位将来需求相关 □ 与个人职业生涯规划相关		

（6）员工培训计划表，如表 3–13 所示。

表 3–13 员工培训计划表

培训项目				
培训时间	培训内容	培训地点	培训讲师	负责人
参加培训人员共计 人，其名单如下				

续表

<table>
<tr><td>姓名</td><td colspan="2">职务</td><td>部门</td></tr>
<tr><td></td><td colspan="2"></td><td></td></tr>
<tr><td></td><td colspan="2"></td><td></td></tr>
<tr><td></td><td colspan="2"></td><td></td></tr>
<tr><td>培训费用预算（单位：元）</td><td></td><td>每人分摊费用（单位：元）</td><td></td></tr>
</table>

（7）培训实施计划表，如表 3–14 所示。

表 3–14　培训实施计划表

<table>
<tr><td>培训名称</td><td></td><td>年度班次</td><td></td><td>主办部门</td><td></td><td>培训讲师</td><td></td></tr>
<tr><td>培训目的</td><td></td><td>培训性质</td><td></td><td>培训方式</td><td></td><td>预算费用</td><td></td></tr>
<tr><td>培训对象</td><td></td><td>培训人数</td><td></td><td>培训时间</td><td></td><td>培训地点</td><td></td></tr>
<tr><td rowspan="3">培训科目</td><td>科目名称</td><td>授课时数</td><td>讲师名称</td><td>教材来源</td><td>教材大纲</td><td>器材准备</td><td>备注</td></tr>
<tr><td></td><td></td><td></td><td></td><td></td><td></td><td></td></tr>
<tr><td></td><td></td><td></td><td></td><td></td><td></td><td></td></tr>
<tr><td rowspan="5">培训进度</td><td>周次</td><td colspan="5">主要培训内容</td><td>备注</td></tr>
<tr><td>第一周</td><td colspan="5"></td><td></td></tr>
<tr><td>第二周</td><td colspan="5"></td><td></td></tr>
<tr><td>第三周</td><td colspan="5"></td><td></td></tr>
<tr><td>第四周</td><td colspan="5"></td><td></td></tr>
</table>

（8）培训预算执行表，如表 3–15 所示。

表 3–15　培训预算执行表

<table>
<tr><td>培训项目</td><td></td><td>培训时间</td><td></td><td>培训地点</td><td></td></tr>
<tr><td>培训方式</td><td></td><td>培训性质</td><td></td><td>学员人数</td><td></td></tr>
<tr><td colspan="6">培训预算及执行情况</td></tr>
<tr><td>序号</td><td>预算项目</td><td>预算金额（元）</td><td>实际金额（元）</td><td colspan="2">差额（元）及原因</td></tr>
<tr><td>1</td><td>培训费</td><td></td><td></td><td colspan="2"></td></tr>
<tr><td>2</td><td>培训场地及设备租金</td><td></td><td></td><td colspan="2"></td></tr>
<tr><td>3</td><td>培训讲师住宿费、餐饮费及交通费</td><td></td><td></td><td colspan="2"></td></tr>
<tr><td>4</td><td>培训学员住宿费、餐饮费及交通费</td><td></td><td></td><td colspan="2"></td></tr>
<tr><td>5</td><td>培训教材费</td><td></td><td></td><td colspan="2"></td></tr>
<tr><td>6</td><td>培训组织费</td><td></td><td></td><td colspan="2"></td></tr>
<tr><td>7</td><td>……</td><td></td><td></td><td colspan="2"></td></tr>
<tr><td></td><td>费用合计</td><td></td><td></td><td colspan="2"></td></tr>
<tr><td>预算审核</td><td colspan="2">培训项目负责人意见

签字：
年　月　日</td><td colspan="2">人力资源部意见

签字：
年　月　日</td><td>学校领导意见

签字
年　月　日</td></tr>
<tr><td>备注</td><td colspan="5">培训组织费包括资料费用及印制费用、横幅费用等</td></tr>
</table>

（9）培训成绩评定表，如表 3-16 所示。

表 3-16　培训成绩评定表

填表日期：　年　月　日　　　　　　　　　　编号：

姓名		专长		学历	
培训时间		培训项目		培训部门	
1. 新进人员对所施予培训项目的了解程度					
2. 对新进人员的专门知识进行评核					
3. 对新进人员对各项规章制度的了解情况进行评核					
4. 对新进人员提出的改善意见进行评核，以实例说明					
5. 分析新进人员工作专长，判断其适合哪类工作，说明理由					
6. 辅导人员评语					

校领导：　　　　　　人力资源部：　　　　　　评审者：

（10）培训效果调查表，如表 3-17 所示。

表 3-17　培训效果调查表

员工姓名		所属部门及职位			
培训课程名称		培训讲师			
需评估的项目	评分标准要点	得分			
		非常好	很好	好	一般	差

续表

您对本课程教学的总体评价	讲师准备是否充分，课堂讲述是否精彩，培训是否易于接受	□5	□4	□3	□2	□1
您对教学内容的评价	内容与培训需求有无针对性，联系是否紧密，层次是否清晰	□5	□4	□3	□2	□1
您对课程准备的评价	准备是否充分，对课程是否熟悉，讲解是否系统、有条理	□5	□4	□3	□2	□1
您对讲师仪表及精神面貌的评价	精神面貌是否良好，对参加培训的人员是否有积极影响	□5	□4	□3	□2	□1
您对讲师语言表达能力的评价	口齿是否清晰，语言是否流利，有无辅助性身体语言	□5	□4	□3	□2	□1
您对课堂精彩程度的评价	课堂讲述是否精彩，是否欠缺培训技巧，有无吸引力	□5	□4	□3	□2	□1
您对教学课件的评价	内容与主题是否关联，文字是否清晰	□5	□4	□3	□2	□1
您对培训课程可接受程度的评价	是否有所收获，对课程是否清楚，培训需求是否得到满足	□5	□4	□3	□2	□1
您对培训时间安排与频度安排的评价	时间安排是否紧凑，频度是否合理	□5	□4	□3	□2	□1
您对培训准备工作的评价	培训设备、资料准备是否充分	□5	□4	□3	□2	□1

续表

您学完本课程最大的收获	
对本人工作上的帮助	
您对培训项目或内容的意见和建议	
您认为此类培训有哪些地方需要改进	
您以后还需要哪些方面的培训	
对本次培训的组织工作进行评价	

第四章

民办高校人力资源管理实践

民办高校人力资源管理工作要坚持“以人为本、人才强校”的战略目标，紧紧围绕学校战略的工作重心，进一步解放思想、更新观念，认真扎实开展各项工作。下面结合作者多年来从事民办高校人事管理工作的经验体会，对民办高校人力资源管理实践的具体做法提出一些建议，以供探讨。

一、学校内涵建设

1. 组织建设

首先是进行组织架构改革。根据学校机构改革发展战略，人力资源部着手进行了组织架构设计，实现人事制度改革和综合改革同步推进。协同学校推进校院两级管理及职能部门“大部制”体制改革，倡议机构调整思路：大学院，小机关；权力下放，责权利统一。合理整合学术科研管理和党务行政管理的权限。对职能部门和二级教学单位进行有效整合，促进了大类学科专业发展，提高了职能部门的工作效率。

其次是促进党政融合工作。人力资源部明确职责，在机构设置、岗位设置以及领导干部选聘上，聚焦党建工作与教学科研工作紧密结合；聚焦二级学院院长引领学科专业发展、书记引领党务师风师德建设的融合协同发展工作局面；聚焦形成“党政融合、一岗双责制”与“教授治学”相融合机制。做好党、政、学关系的思想保障、制度保障和生态保障。

然后是以学校的学科特点、绩效预算管理和人权事权下放为突破口，编订设置岗位工作职责、职数编制和部门目标任务书，制定 KPI 和 OKR 考核方案，充分发挥第三方学术组织、事务组织等参学议政作用。

最后是健全规章制度，规范职能工作，加强工作规范管理力度。

（1）如期完成学年人力成本预算核算工作和期间的人力成本分析工作，便于下一年度人力资源规划和资源调整及配置。

（2）由人力资源部起草及核发学校薪资发放办法、院教师综合量化考核办法、行政及教辅人员量化考核办法、辅导员工作量化考核办法、本科教学工作量计算实施办法，以及教师教学、科研、实验、图书资料等系列职称评审标准（试行）和中层领导干部考核工作等系列文件。此外，根据管理的需要还起草了《考勤请销假制度》

《加班制度》《退休返聘人员管理办法》《专业带头人聘任办法》等多个文件。

（3）按照各类文件要求，严格准备相关数据材料，协同学校相关部门做好年度年检、高基数、本科教学状态数据上报工作。

（4）协同评建办完成创新强校工程考核验收。填报《师资队伍数据考核》，拟定师资引进、培养、考核、薪酬等制度改革的举措及成效综述报告，强师工程实施方案，师资队伍建设规划及师德建设活动情况总结等。

（5）作为民办高校，要规范学校员工退休返聘及行政转岗管理相关工作，对行政转岗人员增加 6 个月转岗适工期考核。

（6）按要求完成中层干部任职目标任务书的签订工作。

（7）审核聘用人员相关数据并提出节约成本的可行性方案。

2. 高度重视师德建设工作

“树典型、立标杆”。学校人力资源部组织并主持各类评优推优工作，如各类奖励基金评选、教师节优秀教师、优秀教育工作者评选表彰等相关工作，树优争优，进一步强化全校教职工立德树人的工作要求，促进学校师德师风建设及青年教职工的成长。

3. 重视绩效评估管理与中层干部的考核

根据学校考核目标，组织干部的考核述职工作。人力资源部有效地组织学校二级单位正副职干部进行公开述职并考核，不仅让广大基层员工通过参与领导述职的过程增强了民主性，而且透明式的考核也让员工有了进一步的竞争意识，发挥了考核机制的激励与促进作用。不论关系亲疏而以实际绩效论英雄，有助于形成“撸起袖子干实事”的氛围。除此之外，还对基层员工的考核述职工作进行规范，率先从人力资源管理部门及几个行政部门处室做起，以点带面地推动基层干部人员述职考核工作。

4. 师资队伍建设工作

积极开展人才招聘工作。采取专业网站投放、员工推荐、校园招聘等多渠道、方式广纳贤能。参加各类大中型招聘会，组织校内面试、笔试招聘。主动在教育网站、各类新闻资讯平台发布人才招聘信息，积极参加高校招聘、各类高层次人才招聘会。同时，根据人才招聘工作制定了教职工招聘流程图，如图 4-1 所示。

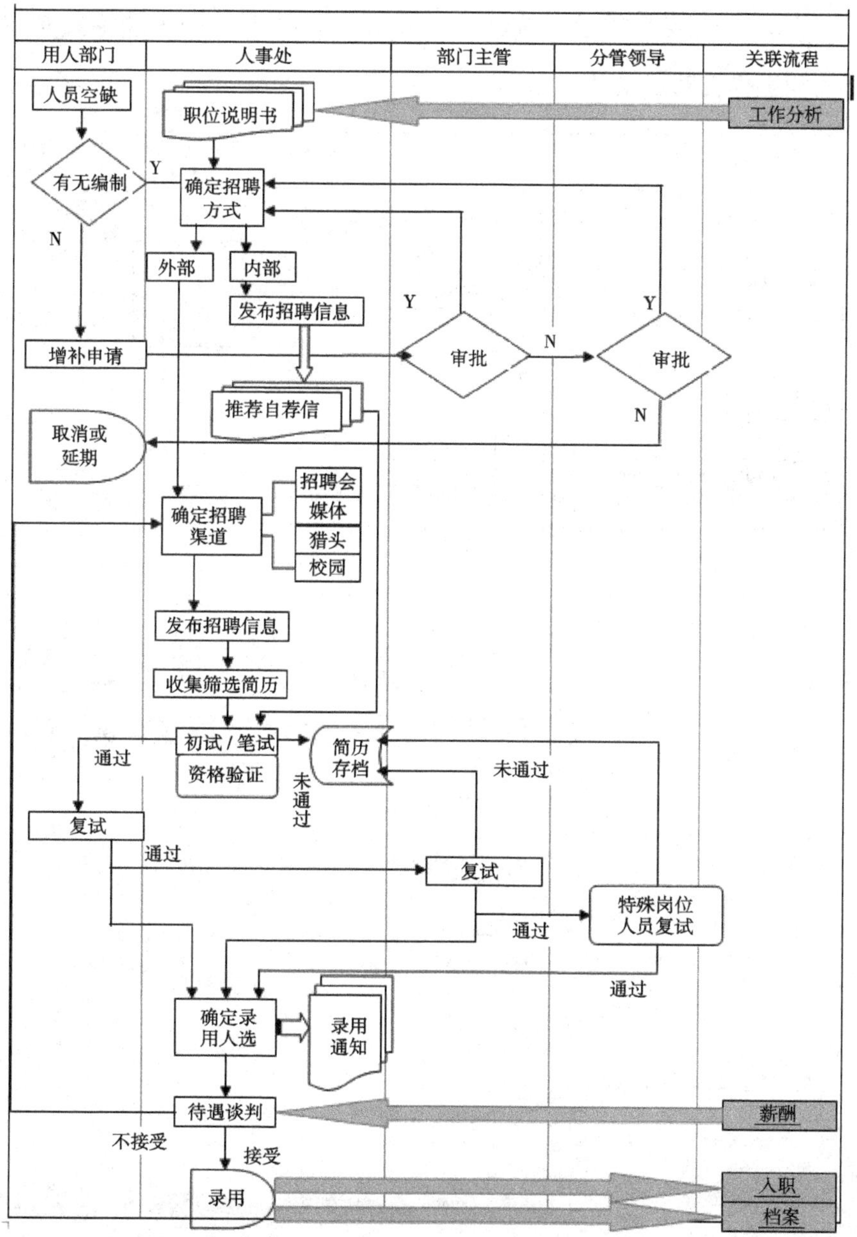
用人部门
人事处
部门主管
分管领导
关联流程
人员空缺
职位说明书
工作分析
有无编制
Y
确定招聘方式
N
外部
内部
发布招聘信息
Y
Y
增补申请
审批
N
审批
推荐自荐信
N
取消或延期
招聘会
媒体
确定招聘渠道
猎头
校园
发布招聘信息
收集筛选简历
初试/笔试
简历存档
通过
资格验证
未通过
未通过
复试
通过
复试
特殊岗位人员复试
通过
通过
确定录用人选
录用通知
待遇谈判
薪酬
不接受
接受
录用
入职
档案

图 4-1 教职工招聘流程

教职工应聘通过后，按学校的要求为其办理入职手续，并制定了入职工作流程，如图 4–2 所示。

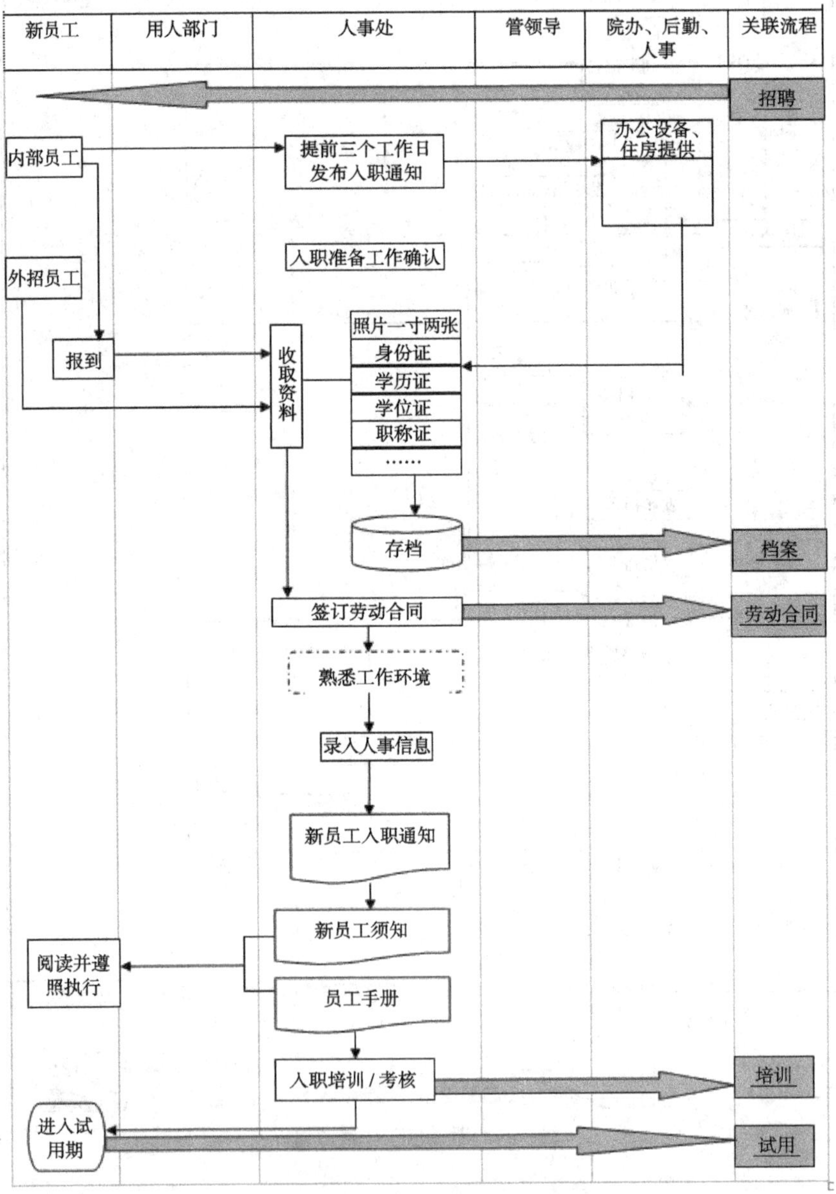

图 4–2　教职工入职流程

同时，按照国家法律法规及学校的规章制度，与新入职教职工签订劳动合同，其流程如图 4-3 所示。

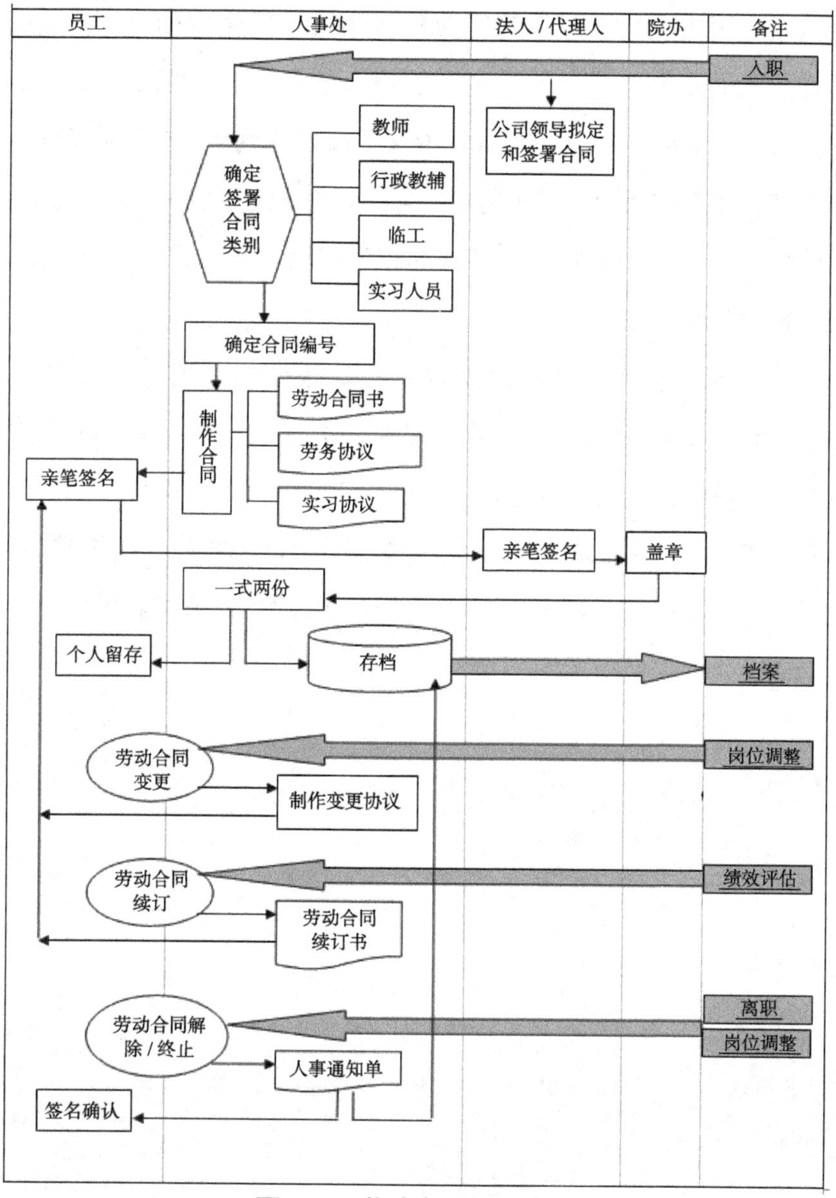

图 4-3 劳动合同签订流程

重视新教师入职培训，努力做到“教育者先受教育”。习近平总书记在全国思想政治工作会议上曾强调：“高校教师要坚持教育者先受教育，努力成为先进思想文化的传播者、党执政的坚定支持者，更好担起学生健康成长指导者和引路人的责任。”在这一思想指导下，人力资源部非常重视并认真做好学校高校教师资格证认定工作，对新进教职工进行包括《高等教育学》《高等教育心理学》等课程的岗前培训，积极组织教职工参评高校教师资格认定，使其顺利地获得高校教师资格证。

在新入职培训中采用“授课 + 互动课堂 + 考核”的形式，举办全方位多维度的学习研讨会。增强仪式感，首增双重考核模式，并颁发聘书及结业证书；贯彻打造“金课”课改教学理念以及各类教学模式，引导新教师树立智慧课堂教学理念，掌握信息化教学基本能力，做好新教师的转正考核工作。考核流程如图 4-4 所示。

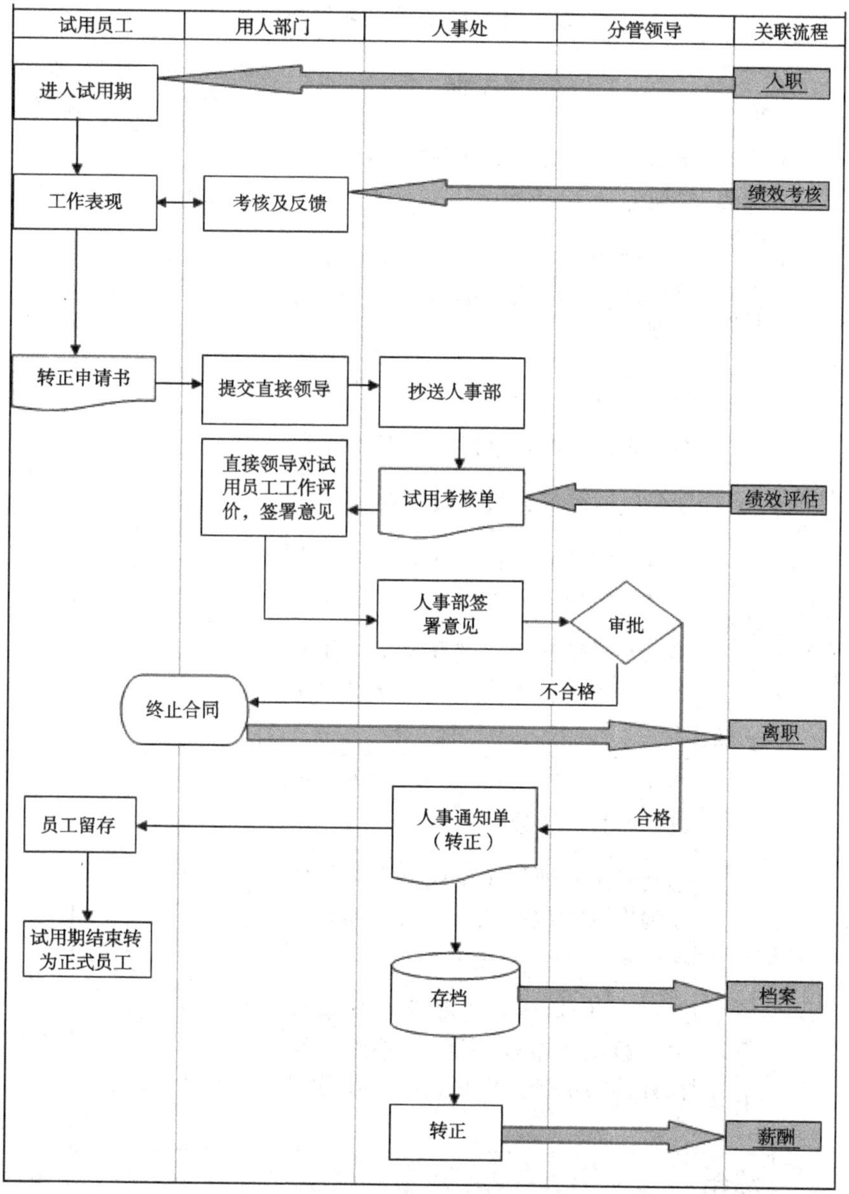

如图 4-4　转正考核流程

新入职教师转正考核的内容，如表 4-1 所示。

表 4-1 教师转正考核表

<table>
<tr><td rowspan="14">考核意见及分值</td><td>一级指标</td><td>二级指标</td><td>二级指标分值</td><td>系主任评价得分</td><td>院长评价得分</td></tr>
<tr><td rowspan="3">师德修养工作态度</td><td>热爱教育事业，恪守师德，注重师德修养</td><td></td><td></td><td></td></tr>
<tr><td>自觉遵守学院各项规章制度遵守劳动纪律，不旷工，不迟到，不提前下课</td><td></td><td></td><td></td></tr>
<tr><td>服从安排，团结合作，积极进取</td><td></td><td></td><td></td></tr>
<tr><td rowspan="7">业务能力工作实绩</td><td>专业知识扎实，掌握教学工作规范</td><td></td><td></td><td></td></tr>
<tr><td>课堂纪律较好，教学效果较好</td><td></td><td></td><td></td></tr>
<tr><td>教学态度认真，备课充分，教案设计合理完整，能较好实现教学目标</td><td></td><td></td><td></td></tr>
<tr><td>能耐心细致地完成辅导答疑、作业批改、考试指导、学习指导等教学工作</td><td></td><td></td><td></td></tr>
<tr><td>按时、按质、按量完成教学工作量，无教学事故</td><td></td><td></td><td></td></tr>
<tr><td>达到额定听课量（试用期内听其他教师授课次数不低于 5 次，须附听课记录表）</td><td></td><td></td><td></td></tr>
<tr><td>教育理论学习（教育教学基本理论、教学基本技能等），不断丰富教育教学水平，提高自己的业务水平</td><td></td><td></td><td></td></tr>
<tr><td>综合考核分值</td><td colspan="4"></td></tr>
</table>

此外，在每个年度，都注重对教师进行考核，其考核内容如表4–2所示。

表4–2　教师考核评价表

项目	考核内容	得分
依法从教	热爱祖国，自觉拥护党的路线方针政策，全面贯彻党和国家的教育方针	
	自觉遵守法律法规和学校的规章制度	
	坚持正确的政治导向，没有损害国家和民族利益、违反党和国家政策及其他易引起政治误导的言论，不传播有害学生身心健康的思想和文化	
	廉洁从教，不利用职责牟取私利	
爱岗敬业	教学态度端正，教学文件齐全，符合学校规定的要求	
	备课授课认真负责，不迟到、不早退，不无故缺课，治学严谨，要求严格	
	执行考试制度，命题、评卷认真负责，考试成绩能客观公正地反映学生水平，不打印象分，不送人情分	
	依时、积极参加学校、学院、系等组织的集体活动	
	努力探索教育教学规律，积极改进教学方法	
	努力学习，不断提高教学科研水平	
教书育人	注意与学生交流思想，主动将思想政治教育融合到教学活动中	
	爱护学生，对学生负责；平等公正对待学生，不歧视有缺点的学生；维护学生的合法权益，帮助解决学生在学习、生活中遇到的问题和困难	
	注重培养学生良好的品德和心理素质，及时纠正学生的不良行为和错误倾向	

续表

项目	考核内容	得分
为人师表	遵守社会公德，严于律已，作风严谨正派	
	注重自身修养，衣着整洁得体，仪表端庄大方，语言规范健康，举止文明礼貌	
	注意与学生的交往方式，与学生建立平等、健康、良好的师生关系	
	谦虚谨慎，尊重同志，团结友爱，互相学习，互相帮助	
	关心集体，维护学校荣誉，共创文明校风	
教学能力	能够完成基本教学工作量，不低于下限，同时不高于上限	
	课堂规范，授课方法得当，讲课有感染力	
	课堂纪律良好，迟到、说话、睡觉等现象不严重	
	教学效果良好	
专业能力	积极钻研教材，挖掘三本学生适合的教学内容	
	参与教研室、课程的建设及人才培养计划的制订，提出合理化建议，提高教研室教师的整体水平	
总分		
注：36—40 分为优秀（优秀不超过 10%），32—35 分为称职，28—34 分为基本称职，28 分以下为不称职		

做好行政教辅转任专任教师工作。结合学校近两年转设工作师资队伍建设需求，优先考虑符合相应专业对口的教学岗位的行政教辅人员，对收到的个人申请相关材料，经审核遴选，召开阐明条件及程序的专题会议，专业知识考试及课堂试讲，最终确定通过考核

的人员。专业知识考试及课堂试讲由人力资源部门牵头组织，校办、党办、教务处及各用人部门共同协助完成。

向省厅申报职称自主评审权。根据国家及省的放管服政策，积极申请职称自主评审权，并组织实施。职称评定工作形成了从管理统筹向服务指导的转化，为广大教职工职称晋升特别是中高级职称评定提供了广阔的平台。

5. 评选、表彰先进

根据上级教育部门及学校的评选表彰工作要求，每年都评选、表彰一批先进教职工。组织评选并向省教育厅推荐优秀，先后有6人次获得了南粤优秀教师、民办优秀教师；每年春节期间，组织评选董事长奖励基金奖（董事长特别奖）、教育奖励基金奖（最佳团队奖、特别贡献奖、立德树人奖、最佳创新奖、最佳服务奖、最佳新人奖）；每年教师节期间，组织评选优秀教师、优秀教育工作者、优秀辅导员和优秀科研积极分子等。

二、人文关怀

1. 强化服务意识，改进工作作风，树立以人为本的工作理念

（1）为进一步提高人力资源部工作服务水平，提高服务效率，坚持主动有效地传达学校相关会议及上级领导的指示精神，汇报总结每项工作落实的情况，并制订相应的工作计划，对部门各项工作任务的有效落实发挥积极作用。

（2）积极与相关部门沟通新入职教职工的住宿安排事宜，解决外地教职工的后顾之忧。做好教职工福利待遇发放及服务工作，如及时协同完成外地教职工探亲报销、核发教职工新婚津贴、生日蛋糕券，依申请为其他部门提供所需人事信息数据、为教职工开具工作证明，请销假统计工作等。

（3）完善人事档案管理，细化分类整理和归档教职工的人事档案，完成劳动合同及协议的签订。及时办理新入职教师户口档案迁移工作。

（4）牵头组织学校未婚青年教职工开展联谊活动，帮助他们加强交流沟通，争取早日解决个人终身问题，安居乐业。

2. 克服各种困难，积极协调沟通，高度重视教职工切身利益

（1）做好薪酬等福利待遇核算计发工作。

①完成学校薪酬增资方案相关数据测算，并提出相关建议，协助进行方案修订工作。

②完成学校不同类别教职工增资差额核算计发，做到按时、准确、零误差。

③每月核算月度工资表，避免出现重大失误导致重签情况。

④完成向政府社保部门申报女教工生育津贴工作。

⑤完成学校每月的五险一金正常缴纳工作，确保社保卡申领申请、公积金存折申领发放、社保补缴，社保信息变更、公积金年度调整零误差。同时，依法依规地根据社保局相关规定做好学校社保管理工作。

（2）每逢春节，开展新春茶话会；对困难教职工开展送温暖慰问活动；成立学校教职工的互助基金并认真履行互助基金管理职责，急教职工所急，做好基金资助工作。

（3）妥善处理各种劳资关系，争取零投诉。

3. 努力营造一个“用好人留住人”的人文环境

多措并举，让职工安居乐业。帮助职工迁移户口、管理档案，按时依规缴交五险一金，做好职工探亲报销、互助基金使用及管理

工作，进一步完善退休职工福利；做好劳动合同签订，更新填充整理人事档案，为女教职工向政府职能部门申领生育津贴，为教职工及临时工办理商业保险，为教职工办理养老保险补缴。妥善处理各种劳资关系，做到了零失误。

实施“百青工程”，重点培养具有博士学位和较大发展潜力的中青年骨干教师，为青年教师提供研修深造的机制性政策支持，读研工作时间弹性灵活，读博、访问学者有一年的留薪脱产学习，鼓励符合专任教师条件的教辅人员转岗或兼课，拓宽教职工晋升渠道，实现“留住人用好人”。促使年轻一代愿意扎根学校、以主人翁精神担当学校发展为己任，构建与学校的命运共同体。

树典型，立标杆，做好教师节评选及表彰工作，推荐优秀教师入选地方政府职业教育专家库，促使中青年教职工多元化、多渠道地提升成长。

三、招聘与任免管理

1. 招聘与任免

（1）校级领导的招聘和任免。

根据民办高校学校董事会决策委员会决议，结合学校的发展战略和管理目标，确定学校校级领导进行对内对外招聘，经面试择优录取者可试用，试用期满考核合格由董事会予以正式聘用。

任期内，按照董事会相关考核规定进行年度工作考核，考核不称职者，董事会将终止其聘用；任期届满，业绩显著者可续聘。

（2）学校二级学院的招聘和任免。

由学校人力资源部组织对内对外招聘，遴选符合岗位任职条件的人选，提交学校面试，经面试择优录取者可试用，试用期满考核合格由学校正式聘用，聘任期三年，并报上一级业务主管部门备案。任期内，按照学校相关考核规定进行学年度工作考核，考核不称职者，学校将终止其聘用。

（3）职能部门干部的招聘和任免。

由人力资源部牵头、组织对内对外招聘，经初审遴选符合岗位任职条件的人选，提交学校领导班子面试、公示后予以试用。试用期满考核合格，由学校正式聘用，聘任期三年。任期内，按照学校相关考核规定进行学年度工作考核，考核不称职者，学校将对其终止聘用。

（4）在职在编教师、行政教辅人员的招聘和任免。

①每年 8 月底之前，制订并书面提交下一学年度的招聘计划及任职条件，报经校长办公会讨论通过。

②学校成立招聘小组，招聘小组由 5—7 人组成，校长任组长、人力资源部部长任副组长。

③招聘小组公布招聘信息，对符合资格的应聘者进行考核和面试，遴选符合岗位任职条件的人选，并上报集团人力资源部审核。择优被录用者可试用（试用期按学校相关规定执行），试用期满考核

合格者由学校予以正式聘用，聘期视其业务能力为一至三年，并报人力资源部备案。

任期内，按照学校相关考核规定进行年度工作考核，考核不称职者，校长办公会将对其终止聘用或转岗。

（5）关于试用期、任期、年度工作考核的说明。

①以上各项中所涉人员，不论是指派还是对外招聘、竞聘上岗的，均设置 3—6 个月的试用期。自试用之日起，与学校签订试用期合同；试用期满，签订正式合同。自试用之日起，与学校签订任职目标任务书，并在中层以上干部层面或相应层面举行就职仪式，并作就职报告。

②聘任期：三年。

③工作考核：按学年度进行工作考核。

（6）临工的招聘和任免。

①临工的聘用由用人单位提出，并报人力资源部审核。经学校主管领导签批后，予以聘用，并报人力资源部备案。

②用人单位应按照国家有关规定，与录用人员签订用工协议。

2. 关于中层干部岗位竞聘的说明

（1）竞聘原则。

德才兼备、公平公正。

（2）竞聘上岗有关规定。

①竞聘上岗期间，原在岗干部要认真努力工作，坚守岗位，不得耽误正常工作，如果因为工作疏忽造成损失，视情节轻重给予批评教育或处罚。

②竞聘上岗岗位的原在岗干部在竞聘中不申报岗位，视为放弃受聘权利，按未聘干部转岗。

③岗位无人竞聘或达不到竞聘人数而无法进行竞聘的岗位，要根据实际情况按员工管理权限经集团或院校研究讨论确定上岗人选。

④无论是应聘、落聘、交流还是未聘干部，若无正当理由均须服从组织安排，拒不服从者，作转岗直至下岗安排。

⑤任期制。对聘任制和任命制的中层干部都实行任期制，每个任期原则上为三年，时间从聘任之日算起。任届期满要进行述职和考核，重新竞聘上岗。

（3）竞聘上岗纪律要求。

①要确保竞聘上岗的公开、公平、公正，不得事先内定人选。

②要严格执行竞聘上岗实施方案，不准在实施过程中随意更改。

③有关人员要严格遵守保密纪律，不准泄露考核、考察情况及集团讨论情况等。

④竞聘小组成员要公正、公道，不准打人情分。

⑤竞聘人员不准弄虚作假，搞拉票等不正当活动。

（4）竞聘上岗程序。

①成立竞聘上岗领导小组。

②召开竞聘上岗动员大会。

③公布岗位。

④推荐办法：本人自荐、群众推荐、领导推荐。每人最多只允许申报竞聘两个岗位，并填写“中层干部岗位申报表”。

⑤资格审查：依据竞聘上岗的条件和资格，由领导小组对申报人进行资格审查，讨论确定参加竞聘人选，必要时，领导小组可以根据本人自愿和岗位需要调节各岗位人员分布，并征求本人意见。每个岗位或每类岗位必须有多于岗位数 50% 的人员报名，才能进行竞聘工作。

⑥竞聘演说：参加竞聘人员要在本单位干部职工大会上进行演说。竞聘演说内容包括自述个人资历、工作业绩、竞聘岗位的优势、工作目标及措施，竞聘演说时间不超过 10 分钟。

⑦民主测评：在竞聘者演说后，采用 360 度结构测评方式进行民主测评，根据竞聘人的“德、能、勤、绩”和履行岗位职责的水平打分。测评分数采取去掉一个最高分、去掉一个最低分的方法，计算汇总个人测评分数。

⑧组织考察：根据民主测评结果，确定需要进一步考察的人选，由人力资源部主要考察拟聘干部的工作实绩和群众公认情况，按“德、能、勤、绩”四个方面提出考核意见。

（5）决定与聘任。

①领导小组将考核民主测评的情况汇总后，按管理层次以分数多少排序提交给学校，由学校讨论决定最终的上岗人选。

②进行公示。

③按学校干部聘任有关规定任命和聘任。

3. 几点思考

（1）人力资源管理的主要工作，集中于人的发展以及核心团队的培育体系和基层组织的建立，来分化权力、提供激励结构和晋升通道，达到管理预期。

（2）加强对人事相关数据汇总分析工作的关注度，持续进行人工成本分析，关注薪酬相关数据以及重点项目对比并分析原因，制订相关对策。

（3）形成并树立“个人发展与学院发展”关联意识。教师个人的积极参与是学院发展建设的内动力，教师个人的在职发展是学院发展建设的有效形式，教师个人的教学反思是提高教学能力的重要方法，教师承担科学研究任务是提高教师综合能力的必要手段，教师个人的职务晋升标志着教师要承担更大的责任和使命。

（4）进一步深化人事改革，科学合理地完善绩效评估考核办法，创新高层次人才绩效分配工作。真正打破“铁饭碗”和平均主义“大锅饭”，破除终身制，形成能上能下、能进能出、能高能低的激励约束机制，建立健全重实绩、重贡献，向优秀人才和专业带头人岗位倾斜的薪酬机制。实现一流人才，一流业绩，一流报酬。

（5）成立教师发展中心，启动“百青工程”。

第一，以教育集团人才战略为出发点，并依据学校办学目标和办学特色，构建德才兼备的人才体系。在现有师资队伍选拔出 100 名具有梯队性的重点培养对象，实施“青年百人计划”，近 10 年来，每年从各系部遴选出 10 名青年拔尖人才出国深造、参加重要有权威的学术交流，资助科研立项，培养了一批具有国际视野和竞争力的新一代专业（学科）带头人。

第二，设立分层次培养计划，鼓励并支持青年骨干教师申报国家、省各类人才工程，对人才工程入选者实行分层次培养，加大对培养对象的经费投入，发放学术津贴，实行带薪学术假制度。

第三，实施“青年教师扬帆计划”，加强对高学历高职称中青年骨干的培养，通过学术梯队建设、团队吸纳、项目资助等方式，为其提供良好的科研教学条件。

第四，推行“学校资深教授”岗位，选聘对象为已办完退休手续的具有正高级职称且在教学科研一线工作的专业技术人员，建立健全以老带新的“传帮带”制度，为青年教师成长提供必要的指导。

第五，人才依靠“内培外引”，学校未来的生力军必须依靠一批扎根学校的人。为了更有力地去开发、挖掘他们的潜能，促使他们自动自发地成长成才，成为学校的中流砥柱，把学校的发展视为他们个人的终身事业，为学校美好的明天不懈努力，学校也要为他们提供更多的福利保障，比如为中青年干部设置“职业年金”“中长期奖励基金”“忠诚基金”“健康资助”“员工俱乐部计划”“专项学业资助”以及“助长助跑计划”“互助基金”等，想方设法地通过多种渠道留住高职称、高层次人才和热爱学校的人，让他们消除后顾之忧，安居乐业。

第六，推进学校二级管理工作，高起点配套二级学院管理人才，打造高质量师资队伍。进一步优化教师队伍结构，建设一支师德高尚、素质优良、业务精湛、规模适度、结构合理的师资队伍。引进符合学校定位和学校急需的高水平师资，力争高学历、高职称、实践经验丰富的教师人数明显增加，教师队伍水平明显提升。

总之，高校竞争的核心就是人才的竞争，百舸争流，奋楫者先，民办高校要想在竞争激烈的民办教育行业长足稳定地发展，就需要立足新时期新起点，不忘初心，勇立潮头，攻坚克难，砥砺前行，做好人才引进培养等队伍建设工作。

一是以师资队伍为重点，做好师资队伍、管理队伍、技术支撑队伍的建设规划，明确各类人员的规模、层次、结构及其建设目标和推进举措，扎扎实实地完成转设迎评工作。

二是建设职业化的管理队伍，完善管理人员的公开招聘制度和多元化的用人制度，加强管理队伍职业能力培养，积极探索多元化的管理人员晋升制度，畅通管理人员的发展通道。

三是增强“我与学院命运共同体”意识，鼓励教师研修深造、提升能力；完善职工福利体系，设置企业年金（安全退休金），探索中长期激励机制等基金项目建设工作，增强员工的归属感、幸福感和荣誉感。

四是进一步调整薪酬结构，以岗位工资和绩效激励薪酬为主体，协议工资制度等多种薪酬制度并存的薪酬体系。向优秀管理人才和学科带头人、教学一线岗位倾斜。

五是探索多种教师聘用制度，统筹资源配置、薪酬待遇、评价激励等，通过完善岗位聘任制度、建设教学科研团队、畅通人才发展通道等举措，建章立制，进一步提升引进教师队伍的质量

六是建立科学有效、导向清晰的教师教学工作评价体系和绩效

激励机制，强化对教学质量和人才培养效果的评价；设立科学合理、各有侧重的分类评价标准，激励教师不断提升学术水准。

七是进一步推进整合构建教师培养资源，通过加强与国内外高水平大学的合作，甄选优秀青年教师作为重点培养对象，分批次推荐到国内外研修培养；加大资助科研立项使用基金，争取培养出一批具有国际视野和较强竞争力的新时期优秀专业（学科）带头人。

第五章

民办高校绩效与薪酬管理

为了规范教职工履行岗位职责的行为，充分调动教职工的工作积极性、创造性，发挥教职工的主观能动性，提高办事效率和工作业绩，促进学校各行政单位的高效运行，建立客观公正的考核评价体系，民办高校一般会结合薪酬方案以及学校实际情况，开展绩效考核工作。在考核过程中，首先，要坚持客观公正、民主公开、全面考查、注重实绩、奖优罚劣的原则；其次，采取领导考核与群众考核相结合、定性考核与定量考核相结合、平时考核与年终考核相结合的办法。最后，在平时考核的基础上，每学年进行一次全面考核，确定绩效等级，考核结果要与学年考核奖金、聘任、岗位调整、奖惩、职位升降挂钩。相关工作由人力资源管理部执行开展。

一、民办高校绩效管理

绩效指的是表现或者结果，是可以被合理地评价和考核的。概括来说，绩效就是将组织战略和经营计划分解到组织的不同层面上（组织、部门、个人），用关键指标对一定时期内的工作行为及结果的反映。

绩效考核通俗的定义为一项人事考核制度，是员工工作行为和工作结果的评估手段。许多企业对绩效考核的理解只停留在日常岗位工作完成情况的指标上，没有对绩效考核的最终目的进行深入理解。绩效考核是组织战略目标的分解，通过组织、部门、团队最终落实到员工个人身上，是一项管理者和员工就组织战略和经营计划进行沟通和执行的管理活动，能够提高员工的参与感和工作激情，同时管理者及时地对员工的工作情况和进度进行追踪，有助于其把握战略计划的落实和反馈。员工的绩效完成情况与组织战略计划能否落实息息相关，两者是相辅相成的关系。

绩效管理是当今企业不可缺少的管理手段，组织的生产力是效果和效率结合的体现，需要量化和考核以达到组织的有效运营、监测和改进。从微观意义上来看，绩效是员工工作活动的过程和结果的结合，对于中高层管理者的绩效考核是以工作结果为主。关注组织绩效管理，有利于客观体现组织的人力资源管理状况和存在的问题，有利于量化组织管理者的决策效果，提升管理水平，还能把组织的经营战略和管理者、员工的职业规划和热情联系在一起，实现同步发展，将企业的经营水平提升一个层次，降低经管成本，深化组织结构的改革和创新。

1. 各类专任教师绩效考核

为进一步优化和完善民办高校各类专任教师岗位目标任务责任制，充分调动其工作的主动性、积极性和创造性，完善考核激励和奖惩机制，强化以业绩为驱动导向的学校管理模式，提高办学治院水平，根据学校工作要点及相关规章制度，拟定此聘期任职目标任务书。

（1）设定任职岗位。

①退休返聘高级职称教师岗。

②校聘高级职称教师岗。

③“杰出人才计划”教师岗。

④“引贤计划”教师岗。

⑤“百青工程”教师岗。

⑥“双师工程”教师岗。

（2）主要任职目标任务。

①承担学科专业负责人任务。理工类：课堂教学任务不低于96

学时/年；社科类：课堂教学任务不低于144学时/年。

②科研任务。

科研任务A：聘期3年。在聘期内，理工类年均到校科研经费分别不低于50万元（Ⅱ类）、25万元（Ⅲ类、Ⅳ类），年均发表SCI论文不低于2篇；社科类年均到校科研经费分别不低于10万元（Ⅱ类）、5万元（Ⅲ类，Ⅳ类），年均发表CSSCI论文不低于3篇。

科研任务B：聘期3年。在聘期内，理工类年均到校科研经费分别不低于20万元、10万元、5万元（以正高、副高、中级为序，下同），分别年均发表SCI论文不低于2篇、SCI论文不低于1篇、EI论文不低于2篇；社科类年均到校科研经费分别不低于4万元、2万元、1万元，分别年均发表CSSCI论文不低于2篇、CSSCI论文不低于1篇、CSCD论文不低于3篇。

科研任务C：聘期3年。在聘期内，理工类博士到校科研经费不低于5万元，发表SCI及以上论文不低于1篇，硕士年发表CSCD及以上论文2篇；社科类博士到校科研经费不低于1万元，年发表CSSCI论文不低于1篇，硕士年发表CSCD论文不低于2篇。

科研任务E：聘期3年。在聘期内，主持或以主要成员身份（排名在前二名）承担至少一项省部级、市厅级的教研、科研项目或主持一项具有社会影响力的横向科研开发项目，上述项目的研究结项期原则上不超过3年，每2年本人须以第一作者或通讯作者身份至少在SSCI、SCI或EI等权威核心期刊发表1篇论文以上，或国内南大核心（CSSCI）论文2篇以上，或国家级权威出版社的专著

1本。

③每年指导至少2位青年教师从事教学、科研，指导青年教师每人每年公开发表1篇以上论文（年终提供青年教师发表论文的刊物封面、目录、正文复印件）；每年听青年教师授课至少3次并给出具体改进的指导意见（年终提供听课记录备查）等；开展课程教学标准建设，编写、审议新教材（或讲义）内容、教学参考书，或翻译、撰写专著等内容；每年对教师和学生做公开讲座至少1次以上。

④参与师资队伍建设，协助本学院引进2名以上高级职称教师和来自行业企业的校外兼职教师到校内授课（年终提供引进教师名单）。

⑤指导本专业学生在市级（等级奖）或省级（优秀）以上专业技能竞赛中获奖。

（3）考核基本流程。

受聘人要认真完成聘期内的工作目标任务，每三年进行一次聘期考核。

①本人提供完成聘期目标任务的佐证材料，如教学评价、科研项目的立项书、结题报告、发表论文的复印件等提交给人事部门。

②人事部门组织工作小组审核各类人员相关目标任务材料。

③审核结果与各类人员聘期考核工资相挂钩。未完成目标任务、有教学事故或行政责任事故的，酌情按年薪比例扣减。

2. 专业教师工作任务书

为进一步优化和完善学校专业教师目标任务责任制，充分调动其工作的主动性、积极性和创造性，完善考核激励和奖惩机制，强化以业绩为驱动导向的学院管理模式，提高办学治校水平，拟定此学年度任职目标任务书。

（1）任职岗位：专业教师。

（2）学年度核心任职目标任务。

①保质保量地完成教学基本工作量，要求：本专业课程及相关教学任务活动无教学事故，学生评教排名 60% 之前，完成学校、二级教学单位规定的工作任务。

②除完成与其他教师同样的科教研、专业建设、课程建设、实验实训基地建设等工作任务外，还必须承担如下工作任务（多选，至少 3 项）。

· 担任专业的学科带头人，并提交学科带头人工作方案，或担任专业负责人，按质按量做好所负责的专业工作。

· 主持或以主要成员身份（排名在前二名）承担至少一项国家级、省级、市级、区级的教研、科研项目，或一项横向科研开发项目，或主持一项校级重点教研、科研课题，或者本人近两年在核心期刊发表一篇论文。

· 承担专业建设项目。承担和指导专业教学文件的修订和专业特色的培育，或者负责新专业的申报论证工作，并制订该新专业的人才培养方案等前期准备工作。

·承担精品课程、优质课程建设。

·指导至少 2 位青年教师从事教科研。青年教师每人每年公开发表 1 篇以上论文（年终提供青年教师发表论文的刊物封面、目录、正文复印件）；每年听青年教师授课并给出具体改进的指导意见（年终提供听课记录备查）等；开展课程教学标准建设，编写、审议新教材（或讲义）、教学参考书，或翻译、撰写专著等。

·承担国家（或省、市、校）级重点（或非重点）实验实训基地建设项目。

·参与师资队伍建设，如承担兼职督导任务，协助本部门引进 2 名以上高级职称教师和来自行业企业的校外兼职教师到校内授课（年终提供引进教师名单），给专任教师假期顶岗实践。

·主持开发国家（或省、市、校）级重点（或非重点）校企合作项目。

·指导本专业学生在市级（等级奖）或省级（优秀）以上专业技能竞赛中获奖。

·主持学校其他特色项目名称。

③完成学校和二级教学单位交办的其他工作。

（3）考核。

各位教师须认真填写清楚本学年度的工作目标，年终考核时请提供完成本学年度任务的佐证材料，如教学评价、科研项目的立项书、结题报告、指导青年教师发表论文的复印件等。岗位聘任合同书约定的绩效考核薪资作为学年度绩效考核奖金，与年度考核结果挂钩。经考核合格后兑现年薪，未完成任务或完成质量不高的、有教学事故或行政责任事故的酌情扣减。

3. 领导职能绩效考核

（1）校级领导绩效考核。

对学校领导进行绩效考核，着重从“德、能、廉”、综合治理能力、科研、师资队伍建设、后勤服务、招生、就业等 7 个维度进行评价，具体如表 5–1 所示。

表 5–1　校级领导绩效考核指标

一级指标	二级指标
德、能、廉	思想作风端正，工作求精务实，顾全大局，开拓进取；具有团队精神和合作意识，善于为学校发展出谋划策；坚持原则，团结领导班子，切实履行岗位职责，认真负责分管和协管工作
	事业心、责任心强，敢担当；了解基层工作，做到心中有底，决策科学；在工作岗位上是员工的模范表率
	具有接受监督意识，主动接受党组织、党员和群众的监督；不滥用职权、玩忽职守；廉洁奉公，不接受任何影响公正执行公务的利益

续表

综合治理能力	熟悉和掌握国家的各项方针政策，能较好地结合实际情况加以贯彻执行；有一定专业理论水平，具有本职工作所需的基本技能；能通过调研发现问题，总结经验，提出建议，具有独立处理和解决问题的能力
	计划力、执行力强，敢于开拓创新，所分管工作开创新局面
	善于管理，注重团队建设，团队成员积极肯干，在群众中树立良好榜样作用
	重视制度建设，结合实际工作，完善相关管理规章制度
	管理理念先进，管理手段及技巧与时俱进，分管工作业绩显著，为学校发展贡献较大
	具有办学成本控制、经营意识
科研	承担国家级、省部级科研课题数量及经费
	人均院校、省部级及以上教学研究项目数及经费
	人均院校、省部级以上教学成果、竞赛获奖数
	人均产学合作收入
	人均科研经费
	人均论文（核心）发表篇数
师资队伍建设	教师师德建设工作
	管理干部作风
	教师结构
	教师引进数量
	教师晋升职称数量

续表

后勤服务	资产物产管理
	卫生所管理及服务质量
	图书馆管理及服务质量
招生	新生报到率
	平均录取分数线
就业	毕业生就业率
	就业质量
其他	转设准备情况
	管理事故 / 事件（安全稳定）
	平安校园

（2）中层干部绩效考核。

对中层干部的绩效考核，主要围绕政治思想表现、业务能力、廉洁自律、工作实绩等 4 个方面进行评价，具体如表 5–2 所示。

表 5–2　中层干部绩效考核指标

一级指标	二级指标	考核内容
政治思想表现	思想政治表现	认真执行党的基本路线、方针和国家的法律、法规与相关政策以及学院的规划，自觉坚持政治学习
	职业道德	坚持原则，公道正派，团结协作，遵守职业道德
	工作态度	模范执行学院的决定，顾全大局，热爱本职工作，具有高度的事业心和责任感
	工作作风	作风民主，广泛听取师生意见和建议。工作认真负责，积极主动，勇于承担重任

续表

一级指标	二级指标	考核内容
业务能力	政策理论水平	熟悉本职工作及相关工作的政策法规和管理知识。对政策理解有前瞻性、预见性，能制定对学校发展影响较大的政策文件；具备一定的科研能力
	业务能力	熟悉本职业务工作的内容、要求，决策科学、管理有方、操作有序。部门人员团结协作，和谐奋发
	策划协调能力	工作有计划性、系统性和预见性。能调动人的积极性，妥善处理各种工作关系与人际关系。有应对突发事件的能力
	开拓创新能力	具有创新精神，积极为学院的建设发展出谋划策，所在部门工作有特色，有影响；重视部门制度建设
	表达能力	表达准确，思路清晰，工作计划、总结、上报材料等符合要求
廉洁自律	个人廉洁自律情况	执行院校各项规章制度、严守纪律、克己奉公的状况；执行民主集中制，做到自重、自省、自警、自励的情况；对亲属及身边工作人员加强教育、严格要求的情况
工作实绩	工作数量与质量	高质量地完成学年度任务目标和学院领导交办的其他事项；个人或部门获责任事故通报或处分的，每次扣 2—5 分；获各级奖励的，可每次加 2—5 分；不服从院领导安排，该项目不得分
		员工分工明确，职责分明；员工工作热情高，工作量饱满
	工作效率与效果	个人及部门工作开展有条不紊，部门整体绩效明显
		部门服务意识好；个人或部门被有效投诉的，每次扣 5 分
	工作创新	主动承担重大工作，创新方法，对学院的发展提出建设性意见的，可予以加分

4. 二级学院考核体系

本考核体系共分为 6 项一级指标、17 项二级指标、70 项三级指标。其中主观评价指标 8 项，客观评价指标 62 项。

（1）一级指标。

A. 人才培养质量；

B. 科学研究水平；

C. 社会服务能力；

D. 师资队伍建设；

E. 领导班子建设；

F. 其他考核指标。

（2）二级指标。

A1. 毕业生质量；

A2. 在校生质量；

A3. 培养过程；

B1. 科研项目；

B2. 科研成果；

B3. 科研获奖；

C1. 产学研合作；

C2. 公共政策咨询服务；

C3. 社会服务（增值服务）收益；

D1. 生师比提升比例；

D2. 高级职称、师资提升比例；

D3. 硕士及以上学位师资提升比例；

E1. 政治建设；

E2. 决策能力；

E3. 执行能力；

F1. 招生情况；

F2. 计划财务状况。

（3）三级指标。

A101. 毕业率；

A102. 授位率；

A103. 通过辅修学士学位人数；

A104. 就业率；

A105. 自主就业率；

A106. 境内升学率；

A107. 境内升学增长率；

A108. 境外升学率；

A109. 境外升学增长率；

A110. 毕业生平均薪酬；

A201. 辅修学士学位人数比例；

A202. 大学英语四级通过率；

A203. 大学英语六级通过率；

A204. 其他外语考试参考人次比例；

A205. 获职业资格证书人次比率；

A206. 科技创新竞赛获奖人次比例；

A207. 科技创新竞赛入围人次比例；

A208. 创新创业竞赛获奖人次比例；

A209. 创新创业竞赛入围人次比例；

A210. 各类表彰人次比例；

A211. 大学生体质健康测试达标率；

A212. 学生图书借阅率；

A213. 学生违纪率；

A301. 新增专业数；

A302. 教育教改、研究项目立项；

A303. 出版教材；

A304. 新增教研论文；

A305. 新形态教材与慕课教材；

A306. 各类优质课程；

A307. 教学成果奖；

A308. 赴境外交流学生人次；

A309. 来校交流境外学生人次；

A310. 学院领导听课情况；

A311. 教学系组织教研活动情况；

B101. 新增市级及以上纵向科研项目；

B102. 新增横向科研项目；

B103. 新增其他科研项目；

B201. 新增科研论文；

B202. 新增专利获权；

B203. 新增出版学术专著；

B301. 新增省部级及以上科技成果奖；

B302. 新增行业科技成果奖；

B303. 新增其他科技成果奖；

C101. 新增校外合作办学基地；

C102. 新增校外合作研究基地；

C103. 新增科技成果转化；

C201. 新增市级及以上政府咨询项目；

C202. 新增市级及以上智库平台；

C301. 教育增值服务收益；

C302. 社会公共服务收益；

D101. 生师比提升比例；

D201. 高级职称、师资提升比例；

D301. 博士学位师资提升比例；

D302. 硕士学位、师资提升比例；

E101. 思想政治建设；

E102. 理论建设与宣传工作；

E103. 党风廉政建设；

E201. 民主集中制执行情况；

E202. 各类委员会作用发挥情况；

E203. 党务院务公开情况；

E301. 上级部署工作的执行情况；

E302. 单位、部门相互协同情况；

F101. 招生计划达成率；

F102. 新生报到率；

F103. 录取最低分数排位与上一年度提升位次比例；

F201. 预算执行率；

F202. 资金成本、增长控制；

F203. 学费欠费率；

F204. 国拨经费总额（含纵向科研经费）；

F205. 国拨经费增减率（含纵向科研经费）。

5. 人力资源管理部绩效考核

对人力资源管理部门的绩效考核，主要围绕师资队伍建设规划、师资数量及结构、专业带头人、骨干教师、师资引进情况、师资职称晋升、师资培训及提升、师资获奖情况及师资队伍稳定等 9 个方面进行评价，具体如表 5–3 所示。

表 5–3　人力资源管理部绩效考核指标

一级指标	二级指标
师资队伍建设规划	可行性分析
	完成情况分析

续表

一级指标	二级指标
师资数量及结构	高资历教师（博士生导师、特聘教授）占比
	高级职称占比
	研究生学位占比
	专职专任教师占比
	“双师型”教师队伍占比
	海外留学或学习工作经历教师占比
	1 年以上工作经验教师占比
专业带头人	专业带头人在行业的影响力（大师的培育）
骨干教师	院级、省部级及以上名师人数
	院级教学竞赛、优秀教案、优秀课件获奖情况
	督导评价平均成绩
	学评教平均成绩
	学生评价前 20 名，教师人数（全院）
师资引进情况	高级职称
	博士学位
	“双师型”教师
	海外留学或学习工作经历教师
	中级职称
	211、985 重点大学硕士研究生

续表

一级指标	二级指标
师资职称晋升	高级职称
	中级职称
	其他
师资培训及提升	教师资格岗前培训
	继续教育培训
	定期开展青年教师培养、培训
	外出交流学习（学术会议）
	国内外访学
师资获奖情况	院级、省部级及以上竞赛获奖
	南粤教书育人优秀教师（南粤教坛新秀）
	千百十人才工程
	珠江学者
师资队伍稳定	留住人才激励机制
	专职教师流失率
	其他机制

6. 计划财务部绩效考核指标

对计划财务部的绩效考核，主要围绕财务预算规划（执行）、财务会计核算质量、融资、税务处理、财务信息披露、资产总分类账、财务基础工作等 7 个方面进行评价，具体如表 5-4 所示。

表 5-4 计划账务部绩效考核指标

一级指标	二级指标
财务预算规划（执行）	总预算费用控制率
财务会计核算质量	会计核算内容及时、准确及完整
融资	融资规模与实际所需资金的误差
	融资成本测算的准确度
	在融资成本一定情况下筹资风险及成本是否最小
	融资方案拟定的及时性
税务处理	日常税务计算、申报的及时性、准确性
财务信息披露	财务信息披露的及时、准确、完整性
资产总分类账	集团所有固定资产等账务相符率
财务基础工作	单位内外投诉次数和程度
	财务制度完整性
	内部员工技能提升率
	会计档案保管情况

7. 后勤服务中心绩效考核指标

对后勤服务中心的绩效考核，主要围绕环境卫生及绿化管理，食堂、商铺及超市管理，院校日常维修维护，水电管理，物资采购，资产管理，工程预（结）算，车辆管理，数据上报，行政事务，员工队伍建设等 11 个方面进行评价，具体如表 5–5 所示。

表 5–5　后勤服务中心绩效考核指标

一级指标	二级指标
环境卫生及绿化管理	校园公共区域整洁度
	校园绿化覆盖率
	定期开展除“四害”工作，校园“四害”密度低
食堂、商铺及超市管理	食品安全
	证照齐全且符合有效期
	从业人员管理
院校日常维修维护	维修服务满意度高，投诉率低于 3%
	维修及时率
	定期检查校舍和公共设备设施
水电管理	确保校园水电正常供应
	加强与水电相关部门沟通
物资采购	物资采购的及时性
	物资采购的性价比
资产管理	资产管理账套的完整度
	资产使用效能提升
工程预（结）算	工程预（结）算的及时性、准确性
车辆管理	派车流程的规范性
	安全事故发生次数
数据上报	学院的高基数及其他数据上报的配合度

续表

一级指标	二级指标
行政事务	文件、OA 及其他交办事项处理的及时率和完成度
	各类相关工作文件卷宗归档的合理性
员工队伍建设	充分调动员工的积极性
	团队目标的一致性

8. 国际事务部绩效考核指标

对国际事务部的绩效考核，主要围绕外事交流合作管理、赴国（境）外留学生管理、外籍学生管理、出国工作教师（行政人员）管理、团队协作、档案管理等 6 个方面进行评价，具体如表 5–6 所示。

表 5–6　国际事务部绩效考核指标

一级指标	二级指标
外事交流合作管理	国际交流合作情况分析
	外事接待任务分析
	合作项目引进及推广宣传数量
赴国（境）外留学生管理	学生日常学习生活管理情况
	学生安全管理情况
	学生返校后相关后续工作跟进情况

续表

一级指标	二级指标
外籍学生管理	学生日常学习生活管理情况
	学生安全管理情况
	学生返校后相关后续工作跟进情况
出国工作教师（行政人员）管理	出国工作教师（行政人员）管理规范，手续齐全，遵守当地法规
团队协作	部门内部沟通顺畅，人际关系和谐
	与其他部门保持良好的关系
档案管理	各类相关工作文件卷宗归档情况

二、民办高校薪酬管理

在民办高校管理过程中，要特别注意薪酬管理对教师在工作积极性中的作用。在管理过程中，既要认识到薪酬管理方面存在的不足，也要不断地完善学校薪酬制度，同时根据民办高校的竞争战略制订薪酬策略，通过薪酬管理有效地提高民办高校教师的绩效。

现在，人力资本的作用越来越重要，物质资本的重要性则相对下降。在民办高校管理过程中，即要注意理解薪酬的功能，还要注意避免出现过于偏颇；既要注意其保健功能，也要关注其激励功能。不能只看到上班的情况，却不注重教师工作效果，而没有绩效的考核，使薪酬失去应有的激励功能。民办高校要想走出薪酬管理的误区，必须首先从观念上加以突破，树立人才资源是民办高校的第一资源的理念。

1. 薪酬决定标准

薪酬决定标准是指决定薪酬高低的依据，如岗位、技能、资历、绩效和市场状况等都可能是决定薪酬的依据。究竟按照什么依据来决定薪酬，这取决于有关依据的特征和企业的具体状况。

（1）基于岗位或技能。

传统薪酬制度通常按岗位来决定薪酬，认为岗位分析能够科学地衡量一个岗位对组织的价值，可以避免薪酬的决定受人为因素的影响。但由于岗位是流动和变化的，组织无法用过去的岗位分析结果来衡量现在的岗位对组织的贡献。此外，同一岗位，工作人员不同，其绩效也不同，因此，按岗位支付薪酬难以保证其激励的公正性。技能薪酬观认为，员工尤其是掌握多种技能的员工是组织竞争力的源泉，组织应该根据员工的技能水平来决定员工的薪酬。但是，技能薪酬往往依据员工的潜在能力，而不是对组织的实际贡献来决定员工的薪酬，这容易导致员工薪酬与组织绩效相脱节，不利于组织的持续发展。

（2）基于绩效或资历。

许多学者认为，应该依据组织目标和组织衡量绩效的能力来决定是根据绩效还是资历来确定薪酬，如果组织确实能够精确地衡量绩效，并且相应地支付薪酬，那么这种薪酬制度就是公平的，并且也是有作用的；否则，这种薪酬制度就不是公平的，甚至具有极大的破坏性。根据资历支付薪酬的一个假设前提就是：员工的资历越丰富，为组织创造价值的能力就越大。同时，员工的资历比较直观，容易确定，实施起来也比较容易。许多组织希望能根据绩效来决定员工薪酬，但由于无法客观衡量绩效，最终还是根据资历来支付薪酬。

2. 民办高校薪酬管理上尚存不足

由于民办高校自身现状及其性质的缘故，其一般规模相对较小、员工层级相对简单、薪酬结构单一。民办高校的管理者常常采用企业或公办高校的现成的管理模式，而不是根据民办高校的实际进行管理，使得管理要么缺乏创新，要么适应度不足。不少民办高校的管理模式与结构不能完全符合目前发展需要的管理现状，也不能满足民办高校自身不断加强对外竞争的趋势。所以，很多民办高校的薪酬管理需要根据民办高校的现状进行改进，根据专业人士的专业意见，提出专业的薪酬设计方案。

3. 不断完善民办高校薪酬制度

任何一个民办高校要提高管理水平，都必须制度先行，以确保民办高校运转正常。薪酬管理制度是民办高校管理制度中的一项重要组成部分，因为工资涉及每个教师的切身利益，也关系到民办高校能否吸引并留住人才，发挥出人才的最大潜能，为民办高校做贡献。

（1）对民办高校教师薪酬进行调查。

为了使薪酬具有外部竞争性，民办高校应该进行薪酬调查。首先，要了解民办高校所在同行高校的薪酬水平。及时了解同行，特别是民办高校的薪酬水平，尤其是民办高校高级管理人员和专业技术人员的工资水平，是避免民办高校人才跳槽的有效途径。其次，了解本地区的工资水平。不同的地区因生活费用水平、生产发展水平的不同，工资水平可能存在差别较大的现象。同时，民办高校要明确薪酬调查对象，从多种渠道进行调查，例如公开的信息、委托第三方机构和民办高校之间相互调查等来扩宽调查的范围，从而得出一个较为科学的薪酬结构。另外，民办高校也需要对自己的薪酬体系进行后评估，尽可能地使薪酬体系与学校的发展相适应，使薪酬成为民办高校教师很好的激励手段。

（2）重视福利的作用。

工资、奖金都是直接激励措施，而福利作为保健措施，它对员工的工作也起到了积极的作用。福利同样具有吸引优秀教师、激励教师、提高教师士气、降低离职率、增强教师凝聚力等作用。因此，民办高校应重视福利的作用，除了为教师购买“五险一金”外，还可以在福利方面进行创新，实行灵活福利计划，如“一揽子计划”和“弹性福利计划”。如果民办高校希望福利投资能获得收益的话，那么首先应积极征询教师的意见，鼓励教师参与制订福利计划，并成立由管理者与教师共同组成的专门委员会来执行、解释和统筹福利政策，使福利项目尽可能地满足需要，实现福利作用最大化。

（3）充分发挥薪酬对教师的激励作用。

适当拉开教师之间的薪酬差距。根据教师的实际贡献付薪，使不同业绩的教师能在心理上察觉到这个差距，并产生激励作用，使业绩好的教师认为得到了鼓励，业绩差的教师认为值得去改进绩效，以获得更好的回报。

4. 根据民办高校的竞争战略制订薪酬策略

民办高校在不同的发展阶段，需要采取不同的薪酬策略；在不同的竞争状况下，也需要薪酬策略与战略相结合；不同的竞争战略，也决定了民办高校应该采取不同的薪酬策略与之相适应。

（1）实行公开公平的薪酬制度。

要想让教师在工作中感觉到公平，就需要实行公开公平的薪酬制度，从而避免教师认为其是在进行暗箱操作，从而引起不满。民办高校处于一个竞争激烈的行业中，组织结构调整非常频繁。民办高校在进行变革的时候，应重新进行岗位价值评估，从而建立清晰明确的薪酬制度，确定各岗位的相对价值，并且在学校内部不同岗位的薪酬水平应当与这些岗位对学校的贡献相一致。薪酬的设定应该对岗不对人，无论男女老少在同一岗位上工作都应当享有同等的薪酬。公开透明的薪酬制度的前提是每个教师都是按照岗位说明书，经过严格的筛选被分配到该岗位的，即岗位与教师相匹配，这样才能使民办高校教师体会到公平。同时，在薪酬制度实施过程中，民办高校高层必须把正确的薪酬信息传达给教师，并设立一个教师意见邮箱，及时有效地进行沟通与交流，实现民办高校薪酬制度的公开透明化。

（2）提高教师的满意度。

一是要最大限度地满足教师的心理需求。薪酬激励不仅表现为收入的提高，还表现在薪酬体系要着眼于物质满足和心理需求两方面，使薪酬体系的激励作用得到有效的发挥。

二是要建立以人为本的薪酬管理理念。人才是民办高校发展的核心要素，民办高校要想留住优秀人才，那么建立以人为本的薪酬管理理念尤为重要。首先，民办高校要确保本校的薪酬水平与类似行业、类似民办高校的薪酬水平相当，虽然不一定完全相同，但是相差不宜太大，否则会使民办高校对人才失去吸引力；其次，民办高校应开展培训课程，让教师学习、掌握民办高校薪酬制度的有关知识，使之对薪酬原理有一定的了解；最后，要注重与不同层次的教师进行沟通，了解教师的不同需求，使教师的工作热情达到最大化。

（3）建立合理有效的绩效考核体系。

公平、合理、有效的薪酬体系，其依据一定是以全面、客观的绩效考核结果为前提的。只有建立起合理的绩效考核体系，薪酬激励体系才会真正发挥激励的作用。绩效管理是人力资源管理中的一个重要组成部分，其中绩效考核亦是人力资源管理系统中各环节的重要依据。民办高校可以通过建立科学、有效、合理的绩效考核体系，将教师的工作业绩、工作成果和薪酬进行关联，有效地发挥出薪酬与绩效管理的联动作用。

在民办高校的薪酬管理中，薪酬设计是其重要的内容，而教师的工作分析和岗位价值作为薪酬设计的组成部分，主要目的在于保证民办高校教师薪酬设计的内部公平。

薪酬管理作为人力资源管理最重要的一部分，其有助于吸引和留住优秀的教师、激励教师、提高学校绩效。有效的薪酬管理也有助于塑造民办高校的校园文化，薪酬是进行民办高校文化建设的物质基础，教师的生活如果不能得到保障，民办高校文化的建设也就是一纸空文。所以，薪酬管理对于民办高校的管理具有重要的战略意义。

第六章

民办高校人力资源管理工作再思考

一、民办高校发展与人力资源状况

2019年10月21日，十三届全国人大常委会第十四次会议举行第一次全体会议。会议听取了全国人大常委会执法检查组关于检查《中华人民共和国高等教育法》实施情况的报告。

这是对高等教育法第一次进行执法检查。在20年时间里，高等教育实现了从精英化到大众化并向普及化迈进的历史性跨越。2018年，全国普通高校2663所，是1998年的2.6倍；高等教育在学总规模3833万人，是1998年的4.5倍；高等教育毛入学率为48.1%，是1998年的4.9倍。

在检查过程中，检查组发现，高等教育法还存在一些问题，主要包括：

1. 实施不到位、落实不彻底

高等教育服务支撑经济社会发展的能力还不够强，高等教育区域布局、类型层次和学科专业结构不尽合理，高校教师队伍建设仍需加强，推进高校办学自主权还有较大差距，高校学术委员会的作用发挥不充分。

2. 高校同质化现象依然突出

一些高校办学定位不科学，学科专业特色不鲜明，人才培养的层次类型不合理，与国家经济社会发展需求结合不紧密。在引导普通本科高校转为应用型大学方面，有方向、少路径，政策支持不够，缺乏典型示范引领。

一些高校学科专业设置雷同、重复，跟风设置门槛低、投入少的热门专业；一些高校升格或更名后定位不明确，与行业企业需求脱节。

3. 高质量成果不多，能有效转化的更少

经济社会发展最为需要的应用型、复合型、技术技能型人才十分紧缺，人才供给和市场需求“对不上”，毕业生就业难问题逐渐显

现，高等教育“产能过剩”的隐忧不容忽视。人工智能、大数据等战略性新兴产业专业人才培养不足，全科医生、幼儿教师、家庭护理等民生急需专业人才相对匮乏。

检查组认为，产生这些问题的原因在于，一些高校的办学思路还没有真正转到服务国家需要和经济社会发展上来，对社会需求把握不精准，就业与招生计划、人才培养的联动机制还未完全建立。

4. 区域发展差距较大

此外，中西部地区国家高水平大学和重点学科数量较少，“双一流”建设滞后，在办学水平和质量上与东部发达地区存在较大差距；原中央苏区、革命老区、老工业基地、民族地区高校经费投入不足，发展相对滞后。

检查组认为，出现这些问题，有认识偏差、利益导向的原因，也与政府部门缺乏分类评价引导有关。

5. 高职分类招考改革有待完善

高职院校吸引力相对偏弱，社会认可度较低，考生报考高职院校的积极性不足，有的地区分类招考改革不到位、不彻底，不同程度地存在重文化基础测试、轻职业技能测试的现象。

报告建议，研究制定高等学校分类设置标准和办法，建立不同类型高等学校的经费投入、人事管理、质量评估、监测评价等制度，引导高校科学定位、差异化发展，形成与经济社会发展相协调的格局；面向未来，超前布局一批前沿性和引领性学科专业，支持国家重大战略和区域支柱产业紧缺人才培养；及早储备一批高层次人才。

6. 教师缺口较大

一些地方的高校长期受编制不足的影响，教师缺口较大。有的省近 2/3 本科高校生师比不达标，有的省相当一批高校生师比超过 22：1，未达到国家基本办学要求（18：1）。高端人才引进难、培育弱，具有国际一流水平的学术大师和学科带头人数量不足。高职院校“双师型”教师比例不高，技术技能人才难以进入教师队伍。

7. 教师考核有失偏颇

教师考核未能充分考虑学科和岗位特点，导致一些教师不能安心教学科研“坐冷板凳”，“兼职当主业，授课当副业”。西部和东北地区高层次人才流失严重，已成为当地高校发展的“痛点”。有的省份在 5 年间副高职以上专任教师流出流入比超过 3：1，有的高校近 3 年来高层次人才队伍呈现负增长状态。

报告建议，坚持引育并举，以育为主，重点培养、大胆使用、及早储备一批高层次人才；促进人才良性竞争和有序流动，引导人才资源向中西部、东北地区高校流动，有效遏制一些地区和高校人才恶性竞争，逐步构建适度开放、合理规范的人才流动机制。

8. 投入不平衡问题突出

从检查情况来看，不同类型高校之间投入不平衡问题十分突出。中央部属高校以及“双一流”建设高校在获取经费和资源投入上明显占优，与地方普通院校差距普遍拉大。由于地方财政收支压力大，一些地市举办的高校生均拨款未能达到国家标准，有的高校差了近一半。许多地方高校基础设施建设和专业教学设施装备资金缺口较大，欠账较多。

报告建议，统筹考虑当前区域发展不平衡的现实，整合中央和地方、校内和校外各方资源，继续支持中西部地区、东北地区高校改革发展；尽快研究出台中西部高等教育振兴计划升级版，从制度设计、政策引导、资源投入上进一步向中西部地区、东北地区倾斜，引导和支持中西部高校从“被动输血”向“自我造血”转变；统筹谋划中西部高校基础能力建设工程、对口支援西部高校计划等工作，在重点实验室、工程中心等科研平台建设，长江学者、杰出青年等高层次人才项目上继续给予倾斜。

二、师资队伍建设未来发展规划

以学科建设为龙头，紧紧围绕学科建设，全面推进综合改革。其中，师资队伍建设是学科建设的核心，全力推进师资队伍建设，建立一支团结乐业、以大局为重，具有良好的师德、家园意识，忠诚于教育教学事业的师资队伍，是当前工作的重中之重。

对于学校人事综合改革，要树立鲜明选人用人导向，大胆探索人力资源管理办法，合理进行能力素质甄别，把合适的人员配备在合适的岗位上，大胆启用有潜力、有能力、想干事、愿干事的青年人才，避免“论资排辈”，真正形成各显其能、奋勇争先、百花齐放的繁荣态势。尤其要用足用活绩效“杠杆”，客观评价员工业绩，奖惩分明、及时兑现，避免“干与不干一个样、干好干坏一个样”。

1. 处理好队伍建设的存量和增量关系

（1）理念。

“十三五”末，以积极扩大师资队伍规模为主；“十四五”期间，以提升师资队伍整体质量为主。强化以人为本的理念，以优化评价体系与激励机制为主要手段，构建较为完善的现代人力资源开发体系。

（2）对策。

加大师资队伍引进，构建多元化、综合性师资队伍引进渠道，着力扩大师资队伍规模。

2. 做好硕博应届毕业生引进工作

按计划招聘引进教师，积极拓宽人才引进渠道，从多渠道多地多院校尤其是211、985重点大学及境外引进专业人才，同时严把用人关，切实使招聘到用人达到最高的人岗匹配度；进一步规范外聘教师聘用及管理工作。

3. 重视高层次人才培养

这里所说的“高层次”仅限于高级职称、博士。要坚持引育并举，以育为主，重点培养一批高学历高职称人才，重视卓越领导人才和教学名师的培养。除了协助二级学院每年完成选派一定数量的优秀教师、青年干部到国内外学校研修学习外，还可以通过优秀人才支持计划，遴选符合名师工程、百青工程、双师工程的人才，定目标定任务促成长，定薪酬定标准助激励。

三、职业发展规划（通道）

1. 资源规划和开发

员工职业生涯规划与设计：员工根据自身的特定条件，基于管理线和专业线两条线，找准自身发展定位和方向，依此进行资源规划和开发。如图 6–1 所示。

管理队伍	专业技术队伍
高层管理层	资深专家
↑ 中层管理层	↑ 专家
↑ 基层管理	↑ 核心骨干

图 6–1　资源规划和开发示意图

2. 梯队搭建

对于现任处级干部、基层骨干、储备精英等各类干部，为其搭建发展梯队。如表 6–1 所示。

表 6–1　梯队搭建

第一梯队	第二梯队	第三梯队
现任处级干部	基层骨干	储备精英
具备条件：经验丰富，业务精湛，已担任过相关职务，自己能独当一面。	具备条件：表现出一定的管理能力，有较强的成就动机，希望个人与学校共同成长。	具备条件：综合素质好，培养潜力大，可塑性强，有较强的积极主动性和进取心。
适应人员：现任正副职	适应人员：现任低一级别干部（可跨部门挑选）	适应人员：基层业务科员（特别优秀的应届毕业生）

3. 培训发展

民办高校应关注教职工个体，切实了解教职工的培训需求，积极帮助其确定培训目标，并且为他们提供详细的各类培训进修计划，并将培训进修结果与职务晋升、物质与精神奖励、福利待遇等结合起来，优化教职工的培训激励机制。

在本书第三章“民办高校人力资源规划”的“人才培养”一节中，我们对民办高校如何进一步推进教职工培训工作，给出了比较详细具体的建议。概括来说，就是加强中层以上管理人员培训，有效利用教学座谈会等形式开展管理培训工作，对学校优秀员工及资深员工作为储备干部进行训练，对于新入职的员工实行线上线下培训模式，加强在岗人员培训，以及对管理层的培训建议。在此不再赘述。

4. 解决后顾之忧的长远福利

为了让教职工能够发挥更大的价值，梯队搭建后，让队伍中的每个人没有后顾之忧是民办高校人力资源管理的一项长期工程。例如，可以通过个人晋升资助支持基金、个人健康保障基金、家庭保障基金、教育基金等福利资助，使教职工工作生活更加安心。

5. 企业文化引领

要实现文化留人。单靠金钱激励，一份工作一般不会持续多久，如果没有兴趣、内驱力、成就感、受益感等持续性的软激励输入，没有激发员工内心的原动力，哪怕有足够的金钱激励，员工过一段时间也会产生疲倦、出走的念头。

对此，程江红老师一针见血地指出："物质激励，是最短视的行为。"物质激励是有价的、短暂的、受局限性较大的；精神激励是无价的、持久的、是可以走很远很远的。“花钱的东西其实很简单，通过薪酬机制、股权，以制度形式确定下来就行了，一劳永逸。但其实不花钱的东西才是最贵最难坚持的，因为这是企业最宝贵的无形文化和财产，涉及更深远的企业文化、使命感和价值观。”

激励体系的内核是企业的使命、愿景和价值观，从这三者延展开来，我们可以从工作环境、员工动力、员工能力这三个方面去着手建设。

（1）工作环境。

物理硬环境：舒适便利的座椅、休息区、健身区、电脑设备、网速等。组织软环境：高效扁平的工作氛围，赏心悦目的绿植、设计风格等。

（2）员工动力。

物质激励：公平透明的绩效考核、薪酬体系、福利、股票期权激励等。精神激励：尊重、信任、良性竞争，赋予意义、荣誉，创造价值感等。

（3）员工能力。

组织整体能力：开放公平的沟通机制、组织结构、责任制度等；员工个体能力：切实有用的培训、职业发展规划、晋升机制、成长通道等。

只有通过有效的人力资源管理，才能促进每一位教职工甘愿与学校共成长，把每一个人的梦想和学校融在一起，才能更好地上好课、教好学、服务好学生。

6. 长期激励

民办高校对教职工采取高薪激励的同时，还可以推行全员持股制度，这是一种对教职工长期激励的最好办法。全员持股制度的推行，可以使学校与教职工的关系得到根本的改变，教职工与学校从原来的雇佣关系变成了伙伴式的合作关系，这种关系让教职工对学校有了极大的归属感，使其将自己视为学校真正的主人，自觉地把自己的前途和命运与学校的前途和命运紧紧地联系在了一起。

参考文献

[1] 王志威．优化高校科研和管理模式的探讨 [J]. 科技管理研究，2010（12）：89−93.

[2]Anderson LM.Bateman T S.C ynicismin the Workplace：Some Causes and Effects[J].Journal of Organizational Behaviour，1997，18（05）.

[3]Pawlak Z.Rough sets[J].International Journal of Information and Computer Science[J]，1982，11（5）：341−356.

[4] 吴时明，周菁．独立学院专职专任教师职业倦怠的调查与分析 [J]. 长春工业大学学报（高教研究版），2009（9）：57−60.

[5] 罗如学，梁振东．基于粗糙集约简的民办高校教师科研倦怠分析 [J]. 长春理工大学学报（社会科学版），2011（7）：104−106.

[6] 朱文娟．我国民办高校教师薪酬管理研究 [D]. 湖南师范大学，2007（5）：18−23.

[7] 李彦启．略论高校教师发展策略 [J]. 黑龙江高教研究，2007

（10）：115–117.

[8] 魏梅霜 . 高职院校教师职业倦怠的原因及干预策略 [J]. 职业时空，2009，（12）：150–151.

[9] 傅安国，邓军，吴娜 . 高校教师职业倦怠现状及其对策分析——以海南高校为例 [J]. 北京教育学院学报（自然科学版），2011（2）：12–17.

[10] 李昱 . 高校薪酬管理现状分析及其改革探索 [J]. 辽宁行政学院学报，2008（3）：60–61.

[11] 丁洋 . 民办高校人力资源管理激励制度创新研究 [J]. 现代商贸工业，2005，（6）：89–90.

[12] 陈彬 . 知识经济与大学办学模式改革研究 [M]. 1 版 . 武汉：华中师范大学出版社，2002：154.

[13] 陈怡 . 高校薪酬制度改革现存问题分析及对策建议 [J]. 中国电力教育，2010（16）：172–174.

[14] 刘蕊 . 浅谈我国高校人力资源管理常见问题及相关建议 [J]. 中外企业家，2019（07）.

[15] 袁川 . 新时代我国高校人力资源内涵的再界定 [J]. 现代教育科学，2019（05）.

[16] 马川 . 高校人力资源管理研究 [J]. 安阳工学院学报，2018，17（06）.

[17] 张静 . 高校人力资源管理特点、现状及对策 [J]. 经贸实践，2018（20）.